Printed in the USA
CPSIA information can be obtained
at www.ICGtesting.com
LVHW020036150524
779901LV00013B/583

9 789358 727388

بیگ احساس: فن اور فنکار
(تبصرے / تجزیے)

مرتبہ:
سید حیدرآبادی

© Taemeer Publications LLC

Baig Ehsas : Funn aur Funnkaar (Essays)

by: Syed Hyderabadi

Edition: April '2024

Publisher :

Taemeer Publications LLC (Michigan, USA / Hyderabad, India)

ISBN 978-93-5872-738-8

9 789358 727388

مرتب یا ناشر کی پیشگی اجازت کے بغیر اس کتاب کا کوئی بھی حصہ کسی بھی شکل میں بشمول ویب سائٹ پر اَپ لوڈنگ کے لیے استعمال نہ کیا جائے۔ نیز اس کتاب پر کسی بھی قسم کے تنازع کو نمٹانے کا اختیار صرف حیدرآباد (تلنگانہ) کی عدلیہ کو ہو گا۔

© تعمیر پبلی کیشنز

کتاب	:	**بیگ احساس: فن اور فنکار** (تبصرے / تجزیے)
مرتب	:	**سید حیدرآبادی**
صنف	:	تحقیق و تنقید
ناشر	:	تعمیر پبلی کیشنز (حیدرآباد، انڈیا)
سالِ اشاعت	:	۲۰۲۴ء
صفحات	:	۱۳۴
سرورق ڈیزائن	:	تعمیر ویب ڈیزائن

فہرست

(۱)	بیگ احساس: چشم تہذیب کی نابصیری کا افسانہ نگار	ڈاکٹر غضنفر اقبال	6
(۲)	دیارِ دکن کا پروقار قلم کار: پروفیسر بیگ احساس	شبیر احمد لون	11
(۳)	بیگ احساس کے افسانہ "درد کے خیمے" کا تنقیدی جائزہ	کہکشاں جبین	26
(۴)	بیگ احساس کے افسانے 'دخمہ' پر ایک نظر	غلام شبیر رانا	39
(۵)	بیگ احساس کا 'دَخمہ'	مرزا حامد بیگ	51
(۶)	بیگ احساس کا افسانہ دھار ایک مطالعہ	غلام شبیر رانا	79
(۷)	'سانسوں کے درمیان' کا ایک تجزیہ	نثار انجم	94
(۸)	بیگ احساس ہائے کیا لوگ تھے جو دامِ اجل میں آئے	غلام شبیر رانا	111
(۹)	سچ اور جھوٹ کا اعمال نامہ: دَخمہ	ڈاکٹر ابراہیم افسر	128

بیگ احساس: چشمِ تہذیب کی نابصیری کا افسانہ نگار
ڈاکٹر غضنفر اقبال

آج ہی کے دن ایک برس قبل اُردو فکشن کا تاباں و درخشاں ستارہ پروفیسر بیگ احساس (۱۰/اگست ۱۹۴۸ تا ۸/ستمبر ۲۰۲۱) ہمیشہ کے لیے ڈوب گیا تھا۔ان کا ادبی سرمایہ تین افسانوی مجموعے خوشہ گندم، حنظل، دخمہ اور ایک مضامین کا مجموعہ شورِ جہاں پی ایچ ڈی کے تحقیقی مقالے کا کتابی روپ کرشن چندر: فن و شخصیت کے علاوہ ڈاکٹر شاذ تمکنت اور جاں نثار اختر پر مونو گراف ہیں۔ان کے افسانوں کی کتاب 'دخمہ' پر مرکزی ساہتیہ اکادمی کا باوقار ایوارڈ ملا تھا۔

پروفیسر بیگ احساس، مشہور افسانہ نگار تھے انھوں نے اپنے افسانے میں تہذیب کو کلیدی کردار عطا کیا تھا۔ یہ تہذیبی مخاطبہ دکن دیس کی خاک سے اُٹھا ہوا تھا۔ سوال کیا جا سکتا ہے کہ بیگ احساس مرحوم نے ارضِ دکن کی تہذیب کو ہی افسانہ کا میڈیم کیوں بنایا؟ اس کا جواب یہی ہو سکتا ہے کہ حیدرآباد دکن بیگ احساس کی جنم بھومی اور کرم بھومی ہی نہیں بلکہ فکشن خیز خطہ بھی ہے۔ ملکِ دکن کی معاشرت، روایت اور تہذیب افسانہ نگار کو عزیز تھی۔ کیوں کہ افسانہ تہذیب سے ہی پیدا ہوتا ہے اور بلند ترین مقاصد کی نشاندہی کر تا ہے۔ عہدِ موجود نو آبادیاتی تہذیب کے حصار میں ہے۔ بیگ احساس کا یہ احساس دیکھئے:

"تہذیب ان کا اپنا بادشاہ تھا۔ جن کو اعلیٰ حضرت، حضور، فاتح دوراں، نوشیر وانِ

زماں، امیر المومنین، خلیفۃ المسلمین، حکیم السیاست، سلطان العلوم، سلطان ابن سلطان ،خاقان ابن خاقان کے القاب سے بلاتے اس پر جان چھڑکتے۔ان کی اپنی جامعہ، اپنی ریل، اپناسکہ، اپناٹپہ، اپنی فیکٹریاں، لوہے، کوئیلے اور سونے کی کانیں تھیں۔ سمینٹ کی پختہ سڑکیں، خوبصورت عمارتیں تھیں۔دور دور سے تاجر یہاں آکر آباد ہو گئے تھے اہل علم کی قدر افزائی ہوتی تھی۔ ملازمتوں کے حصول کے لیے لوگ آتے تو یہیں کے ہو کر رہ جاتے۔اس شہر کا سینہ بے حد فراخ تھا۔"(افسانہ: درد کے خیمے، بیگ احساس)

افسانہ کا خمیر واقعات سے تیار ہوتا ہے اور کرداروں سے ہی واقعات کی تشکیل ہوتی ہے۔بیگ احساس کے افسانے میں بھی واقعات خاکِ دکن کے تہذیبی وراثت کی صورت میں نمایاں ہیں۔ دکن کی مٹی افسانہ نگار کے قلب و ذہن کی ساخت متعین کرتی ہے۔ تہذیب رخصت پذیر ہو چکی ہے۔نام نہاد مغربی تہذیب نے مشرقی تہذیب کو بے طرح متاثر کیا ہے:

"پولیس ایکشن نے ساری بساط الٹ دی، دکن میں مسلمانوں کے چھ صدیوں کے اقتدار کا خاتمہ ہو گیالاکھوں مسلمان مارے گئے۔ سینکڑوں خواتین نے خودکشی کرلی۔ کسی کی کچھ سمجھ میں نہیں آرہا تھا کہ کیا ہو گا۔ اونچے درجے کے سرکاری ملازم علاحدہ کر دیے گئے یا ان کے عہدوں کو تنزلی دے دی گئی۔ جاگیر داری نظام ختم ہو گیا۔ ان اقدامات سے تنگ آکر کئی ملازمین نے قبل از وقت وظیفہ لے لیا۔"(افسانہ: رنگ کا سایہ...... بیگ احساس)

افسانہ تہذیب کے ارتقامیں ایک ایسا حوالہ ہے جو معاشرے میں روحانی ہم آہنگی پیدا کرتا ہے۔بیگ احساس کا افسانہ "نمی دانم کہ" حیدر آباد دکن کی صوفیانہ روایت کا مرقع ہے۔ اس افسانے میں افسانہ نگار نے اپنے جنم استھان کی تہذیب اور معاشرت کو

روحانیت سے اُجاگر کیا ہے۔ افسانہ نمی دانم کہ، دار فانی کا درس دیتا ہے کہ یہ دنیا تو سرائے فانی ہے۔ انسان اگر فقیر یا مسکین رہے اس کی زندگی کامیاب ہے 'وہ' کے ذریعے افسانہ نگار نے روشن ضمیری کی تعلیم دی ہے کہ وہ کاروز مرہ عشق و عرفان کی عظمت بن جاتا ہے اور تصوف کی منزلیں طے کرتا رہتا ہے کیوں کہ معرفت ربانی کی کرنیں اس میں موجزن ہو جاتی ہیں۔

افسانہ نمی دانم کہ میں تہذیبی خوشبو ہے مشترکہ تہذیب و اقدار کے تہذیبی مکالمے کو افسانہ نگار نے خوب تر انداز میں پیش کیا ہے:

"شہر کے اس علاقے میں آنے سے گریز کرتا تھا۔ کافی بھیڑ ہوتی تھی۔ اکثر ٹریفک جام ہو جاتا، سواریاں رینگنے لگتیں۔ شہر کا مرکزی ریلوے اسٹیشن بھی اسی علاقے میں تھا۔ اسٹیشن پر تو 'حیدرآباد' کے بورڈ لگے تھے۔ لیکن وہ "نام پلی" کہلاتا تھا۔ اکثر باہر سے آنے والے کنفیوز ہو جاتے۔ ایک بار اباکے دوست نے تمسخرانہ انداز میں پوچھا یہ کیا نام ہوا "نام پلی"۔۔۔۔۔!!"

یہ نام ہماری ملی جلی تہذیب کی علامت ہے، ابانے سنجیدگی سے ایک ایک لفظ پر زور دے کر کہا تھا۔ "عبداللہ قطب شاہ کے دیوان سلطنت رضا قلی کا خطاب "نیک نام خان" تھا۔ یہ علاقہ ان کی جاگیر تھا۔ عوام نے ان کے خطاب سے 'نام' لیا اور تلگو کا لفظ پلی جوڑ دیا۔ نام پلی!! شہر میں ایسے کئی محلے ہیں۔ تاریخی شہروں کا اپنا ایک الگ کردار ہوتا ہے۔"

پروفیسر بیگ احساس کے افسانے انسانی رشتوں کی کہانیاں، انسانی قدروں کی پاسداری اور باہمی رفاقتوں اور رقابتوں کا تہذیبی اظہاریہ ہیں۔ جس میں ماضی کا آئندہ سانس لیتا ہوا محسوس ہوتا ہے:

"سورج غروب ہو رہا تھا آسمان لال انگارہ ہو گیا تھا۔ اس کی سرخی کے سامنے

درخت کی ٹہنیاں اور پتیاں سیاہ لگ رہی تھیں جیسے وہ سایہ ہوں۔ وہ پل سے آگے بڑھ گئے۔ "میری بات سنو... دیکھو دنیا کتنی بدل گئی ہے۔ ایک سرکل پورا ہو رہا ہے۔ انسان ما قبل تہذیب جانوروں کی طرح رہتا تھا۔ ذاتی ملکیت کا کوئی تصور نہ تھا۔ پھر ذاتی ملکیت کا تصور اُبھرا۔ خاندان بنا قبیلہ بنا۔ رشتے ناطے بنے۔ وہ اپنے خاندان میں خوش رہنے لگا۔ پھر یہ خاندان بوجھ ہو گیا۔ سنگل فیملی کا تصور اُبھرا، پھر وہ بھی سہار نہ سکا۔ کنٹرکٹ میرج ہونے لگی۔ لیکن اب میرج بھی نہیں۔ عورت اور مرد جب جی چاہتا ہے جنسی تقاضے پورے کر لیتے ہیں۔" (افسانہ: سنگ گراں، بیگ احساس)

بیگ احساس نے خاکِ دکن کے پولیس ایکشن سانحے کو عصری زبان دی تھی۔ اہل دکن کے لیے یہ سانحہ یادِ ماضی عذاب ہے سے تعبیر کیا جاسکتا ہے۔ افسانہ نگار کی سائیکی میں یہ واقعہ محفوظ تھا۔ اس واقعہ کے ذہنی گہرائیاں بیگ احساس کے افسانوں میں اوراقِ ماضی کی روشن مثالیں ہیں۔

"پولیس ایکشن نے مسلمانوں کو حواس باختہ کر دیا تھا۔ مذہب کے نام پر ملک کی تقسیم سے پوری قوم سنبھلی بھی نہ تھی کہ زبان کی بنیاد پر ریاستوں کی نئی حد بندیاں کی گئیں۔ ریاست کے تین ٹکڑے کر دیے گئے۔ برسوں گذر جانے کے بعد بھی دوسری ریاستوں سے جڑے یہ ٹکڑے ان کا حصہ نہ بن سکے۔ اپنی مستحکم تہذیب کی بنیاد پر ریاست کے یہ حصے ٹاٹ میں مخمل کے پیوند لگتے تھے۔ مذہب کے نام پر تقسیم کو عوام نے قبول نہیں کیا تو زبان کے نام پر ریاستوں کی نئی حد بندیوں کو بھی ایک ہی زبان بولنے والوں نے قبول نہیں کیا۔ دو مختلف کلچر!! جس شہر کی تاریخ نہیں ہوتی اس کی تہذیب بھی نہیں ہوتی۔ نئے آنے والوں کی کوئی تاریخ تھی نہ تہذیب ایک مستحکم حکومت کا دار الخلافہ سیاسی جبر کی وجہ سے ان کے ہاتھوں میں آگیا۔ وہ پاگلوں کی طرح خالی زمینوں پر

آباد ہو گئے۔" (افسانہ: دخمہ، بیگ احساس)

بیگ احساس کے افسانوں میں دکنی تہذیب، دکنی حسیت، دکنی خاک سے تہہ دار بیانیہ کی صورت تہذیبی تخلیق بن گئی تھی۔ عہدِ موجود میں تہذیب افسانہ پارین ہے۔ لیکن بیگ احساس نے افسانوں میں باکمال بیانیہ سے مٹتی تہذیب کے آثار سے ارفع ترین شکل عطا کی تھی۔ ان کے افسانوں میں زندگی کے آداب و اطوار، برادری رشتے اور اجتماعی معاشرت عصری بیان کا عمدہ روپ ہیں۔۔ افسانہ نگار نے افسانوی انداز اس طرح اختراع کیا تھا کہ تہذیبی زندگی کی سالمیت کی تازہ کاری بین السطور میں محسوس ہونے لگتی ہے۔ افسانہ نویس نے تخلیقی، جمالیاتی وجدان سے تہذیب کی تخمیر و تعمیر کی آئینہ سامانی کی تھی۔ بیگ احساس در اصل چشم تہذیب کی نابصیری کے افسانہ نگار تھے۔ ان کی بصارت و بصیرت نفسیاتی حقیقت خیزی سے فکری چشمے کی شکل میں بہہ رہی ہے۔ جس کو عصری مزاج میں کمال حاصل تھا۔

***

دیارِ دکن کا پُر وقار قلم کار: پروفیسر بیگ احساس

شبیر احمد لون

پروفیسر بیگ احساس کا اصل نام محمد بیگ اور قلمی نام بیگ احساس ہے۔ ان کی پیدائش ۱۰ اگست ۱۹۴۸ کو حیدر آباد میں ہوئی۔ ان کے والد کا نام خواجہ حسن بیگ ہے۔ بیگ احساس انتہائی شریف النفس اور دھیمے لہجے کے آدمی تھے۔ ان کے سینے میں ایک درد مند دل دھڑکتا تھا اور ہمیشہ امن و آشتی کے خواہاں تھے۔ گفتار دھیمی، پر نہایت خوش کرنے والی، ان کی ادامیں خوشی جیسے سمائی تھی۔

بیگ احساس نے اعلیٰ تعلیم عثمانیہ یونیورسٹی سے حاصل کی۔ بی اے سال ۱۹۷۵ میں اور ایم اے سال ۱۹۷۹ میں مکمل کیا۔ اس کے بعد ۱۹۸۵ میں یونیورسٹی آف حیدر آباد سے 'کرشن چندر فن اور شخصیت' کے موضوع پر پی ایچ ڈی کی ڈگری حاصل کی۔ سال ۱۹۸۴ میں بیگ احساس نے عثمانیہ یونیورسٹی میں بحیثیت لیکچرر کام کرنا شروع کیا اور سال ۲۰۰۰ میں پروفیسر کے عہدے پر فائز ہوئے۔ اس کے بعد ۲۰۰۰ سے لیے کر ۲۰۰۶ تک صدرِ شعبہ اردو کی حیثیت سے کام کیا۔ ۲۰۰۷ میں حیدر آباد سینٹرل یونیورسٹی سے جُڑ گئے اور ۲۰۱۳ تک یہاں پہلے پروفیسر اور پھر صدرِ شعبہ اردو کے فرائض انجام دیتے رہے۔ اس کے علاوہ بیگ احساس حیدر آباد لٹریری فورم کے مشترکہ امور کے جنرل سیکریٹری اور صدر رہے اور ۱۹۸۸ میں ساوتھ انڈیا اردو اکیڈمی کے جنرل سیکریٹری بھی

رہے۔ بیگ احساس مختلف اداروں اور انجمنوں کے رکن بھی رہے، جن میں ساہتیہ اکادمی، قومی کونسل برائے فروغ اردو زبان، اردو رائٹرز اینڈ جرنلسٹس ویلفیئر فنڈ، آندھرا پردیش اردو اکیڈمی وغیرہ شامل ہیں۔

پروفیسر بیگ احساس مشہور ادبی رسالہ 'سب رس' کے مدیر کی حیثیت سے بھی کام کرتے تھے۔ ۲۰۱۳ سے اب تک رسالہ 'سب رس' کے ساتھ جڑے رہے۔ اس کے علاوہ بطورِ صحافی اقبال اکیڈمی، حیدر آباد کی جانب سے نکلنے والا رسالہ 'اقبال ریویو' کے چند خصوصی شمارہ جات کی ادارت بھی کی۔

پروفیسر بیگ احساس کی ادبی خدمات کے تئیں ہندوستان میں انھیں مختلف انعامات سے نوازا گیا۔ سال ۲۰۱۶ میں تلنگانہ اردو اکیڈمی کی جانب سے پروفیسر بیگ احساس کو مخدوم ایوارڈ سے نوازا گیا۔ اسی سال افسانوی مجموعہ 'دَخمہ' پر ساہتیہ اکیڈمی ایوارڈ کے لیے نامزد کیا گیا جو انھیں سال ۲۰۱۷ میں ملا۔ عصرِ حاضر کے یہ بہترین قلم کار تقریباً پندرہ روز تک ہسپتال میں زیرِ علاج رہنے کے بعد ۸ ستمبر ۲۰۲۱ کو ۱۱ بجے دماغ پر فالج کی وجہ سے اس دارِ فانی سے کوچ کر گئے۔ ان کی تدفین نمازِ عشا کے بعد پیراماؤنٹ ہلس قبرستان، ٹولی چوکی میں ہوئی۔

پروفیسر بیگ احساس بیک وقت افسانہ نگار، صحافی، محقق، نقاد، ادیب، استاد اور مقرر تھے۔ آپ کی ادبی زندگی لگ بھگ پچاس سالوں پر محیط ہے۔ ان پچاس سالوں میں بیگ احساس نے تین افسانوی مجموعے خوشہ گندم (۱۹۷۹)، حنظل (۱۹۹۳)، دخمہ (۲۰۱۵)، ایک تحقیقی و تنقیدی کتاب 'کرشن چندر شخصیت اور فن' (۱۹۹۹)، تنقیدی مضامین کا مجموعہ 'شور جہاں' (۲۰۰۵)، شاذ تمکنت پر ایک مونوگراف (۲۰۱۰) اور ڈاکٹر ایم کے کول کے ساتھ مل کر (دکنی فرہنگ، ۲۰۱۲) بھی تدوین کی۔ اس کے علاوہ 'ہزار مشعل

بکف ستارے'(انتخاب کلام علی ظہیر، ۲۰۰۵)، تعلیم بالغان سے متعلق(مرزاغالب اور بوجھ کیوں بنوں، ۲۰۰۴) ترتیب دیے ہیں۔ بیگ احساس ایک بہترین صحافی بھی تھے۔ مشہوررسالہ 'سب رس' کے مدیر اعلیٰ کی حیثیت سے مختلف شماروں کے اداریے لکھ کر اردو زبان و ادب کی آبیاری کی لیکن بنیادی طور پر بیگ احساس افسانہ نگار ہیں اور اپنی ادبی زندگی کا آغاز بھی افسانہ نگاری سے ۱۹۷۱ میں افسانہ 'سراب' سے کیا جو ماہنامہ 'بانو'، دہلی میں شائع ہوا۔ افسانوی مجموعہ 'حنظل' کے آغاز میں لکھتے ہیں:

"میں نے اپنی پہلی کہانی ۱۹۷۱ میں لکھی اور کہانی کا بیج کہاں سے اُڑ کر میرے وجود میں آپڑا کب اس نے آنکھیں کھولیں، کب اس نے نمو حاصل کی میں نہیں جانتا۔ سوتے جاگتے ہر پل یہ کہانی میرے ساتھ رہنے لگی۔ ایک تشنج ایک اضطراب کی کیفیت طاری رہی۔ پھر میرے قلم سے کہانی نکلی۔ یہ کہانی 'افسانے' کی شکل میں تھی۔"

(حنظل: بیگ احساس، مکتبہ شعر و حکمت، حیدر آباد، ۱۹۹۳، ص ۹)

ان کے افسانوں میں عصرِ حاضر کے درد و کرب اور پیچیدہ مسائل کا نہایت حقیقت پسندانہ اظہار ملتا ہے۔ جدیدیت سے مابعد جدیدیت تک کا سفر کرنے والا یہ عظیم فکشن نگار عصری تقاضوں سے نہ صرف اچھی طرح واقف ہے بلکہ انسانی نفسیات کا نبض شناس بھی ہے۔ بیگ احساس کے افسانوں کا موضوع کچھ بھی ہو لیکن جملے بہت مختصر اور سلیس پیش کرتے ہیں۔ ان کے پیرایہ اظہار میں برجستگی، سادگی اور تازگی ہے۔ بیگ احساس نے خارجی اور داخلی زندگی کی ہم آہنگی کو اپنے افسانوں کا وصفِ خاص بنایا۔ بقول اقبال متین:

"بیگ احساس ایک سچے فن کار کی طرح اردو فکشن کے ایوان میں خاموشی سے داخل ہوئے۔ نہ سہارا دینے کے لیے کسی گروپ کی ادبی لاٹھی ساتھ تھی نہ کسی پیشہ ور نقاد نما خطوط نویس کا دوشِ دست گیر۔ نہ کبھی انھوں نے اس کی ضرورت محسوس کی اس

لیے کہ انھیں اپنی تحریروں پر اعتماد تھا اور ہے۔ اوپر سے کہانیوں پر کسی فیشن کا نقاب اُڑھانے کی بجائے انھوں نے خارجی زندگی اور داخلی محسوسات کے آہنگ کو اہمیت دی۔"

(خوشہ گندم: بیگ احساس، انجمن معمار ادب، حیدرآباد ۱۹۷۹، ص ۱۱)

بیگ احساس کا پہلا افسانوی مجموعہ 'خوشہ گندم' نومبر ۱۹۷۹ میں پہلی بار انجمن معمار ادب، حیدر آباد سے شائع ہوا۔ اس مجموعے میں کل بارہ افسانے ہیں، جو اس طرح ہیں: خوشہ گندم، خوابوں کا صحرا، تنکا اور طوفان، سنگ اُٹھایا تھا کہ ٹوٹتے لمحوں کا کرب، آگہی کے اندھیرے، اندھیری دھوپ، ریت کا سمندر، گندی، سوئی ہوئی آگ، تیرگی کا سفر، سلگتی برف۔ بیگ احساس کے یہ سارے افسانے نہایت خوبصورت ہیں اوران میں حیدر آبادی تہذیب کی بھرپور ترجمانی کرتے ہیں۔ اس مجموعے میں شامل افسانے اگرچہ 'حنظل' اور 'دخمہ' کے معیار کے برابر نہیں ہیں کیونکہ یہ ستر کی دہائی میں لکھے گئے افسانے ہیں اور اس وقت کے سماجی، سیاسی اور ثقافتی مسائل کچھ مختلف تھے اور فنی اعتبار سے اتنی پختگی بھی بیگ احساس کے ہاں موجود نہ تھی۔ دوسری جانب جدیدیت اپنی انتہا پر پہنچ چکی تھی اور مابعد جدید اثرات نے اپنا جلوہ دکھانا شروع کر دیا تھا۔ اس گہما گہمی میں مجموعہ 'خوشہ گندم' میں کچھ تکنیکی خرابیاں نظر آتی ہیں۔ پھر بھی بیگ احساس کے افسانے ایک نیا چہرہ پیش کرتے ہیں۔ دراصل بیگ احساس کو افسانہ لکھنے کا سلیقہ بھی آتا ہے اور افسانہ بننے کا گُر بھی جانتے ہیں۔

بیگ احساس کے افسانوں کا دوسرا مجموعہ 'حنظل' ہے۔ یہ مجموعہ دسمبر ۱۹۹۳ میں مکتبہ شعر و حکمت، حیدرآباد سے شائع ہوا۔ اس میں کل بارہ افسانے شامل ہیں اور ابتدائیہ کے طور پر 'کہانی اور میں' کے عنوان سے ایک مضمون شامل ہے۔ 'حنظل' میں شامل

افسانوں کی ترتیب اس طرح ہے ۔پناہ گاہ کی تلاش، میوزیکل چیئر، کرفیو، اجنبی اجنبی، ملبہ، سوا نیزے پہ سورج، بے سورج آسمان، نیا شہسوار، خس آتش سوار، حنظل، برزخ، آسماں بھی تماشائی۔

مجموعہ 'حنظل' کا عنوان ہی اتنا پر کشش ہے کہ اس کو پڑھنے کی چاہ پیدا ہو جاتی ہے۔ 'حنظل' اور 'دخمہ' کے عنوانات ایسے ہیں جو اس قدر مبہم ہیں کہ قاری کو لغت کا سہارا لینا پڑتا ہے۔ معروف ادیب مجتبیٰ حسین اس کے متعلق لکھتے ہیں:

" جتنی محنت وہ خود افسانہ لکھنے میں کرتے ہیں اتنی ہی محنت وہ اپنا افسانہ پڑھنے والے قاری سے بھی کراتے ہیں کم از کم مجھ جیسے کم علم سے تو وہ محنت ضرور کراتے ہیں۔ جب سے میری عمر اسی برس کے قریب تک پہنچنے کے آثار دکھائی دینے لگے ہیں، میں نے اپنی ساری ڈکشنریوں کو اُٹھا کر الماری کے سب سے اوپر والے شیلف میں رکھوا دیا ہے، بھلا اب اس عمر میں کسی لفظ کے معنی جان کر میں کیا کروں گا، اور معنی سمجھ میں آ بھی گئے تو ان پر عمل پیرا کیونکر ہو سکوں گا۔ تاہم بیگ احساس نے کم از کم دو مرتبہ مجھ جیسے ضعیف آدمی کو مجبور کیا کہ میں سیڑھی لگا کر جیسے تیسے ان ڈکشنریوں کو نیچے اتاروں اصل قصہ یہ ہے کہ ان کے افسانہ کا عنوان تھا 'حنظل'۔ اب میں پریشان کہ یہ حنظل کیا بلا ہے۔ تلاش بسیار کے بعد پتہ چلا کہ حنظل کڑوے پھل کو کہتے ہے، بتائیے میں تو صبر کے پھل کے انتظار میں ہوں اور بیگ احساس نے تو میری خدمت میں کڑوا پھل پیش کر دیا۔ ایک اور افسانہ کا عنوان تھا 'دخمہ' اس بار پھر وہی سیڑھی کی کشاکش اور محنت سے گزر کر معنی دیکھا تو معلوم ہوا کہ 'پارسیوں کے قبرستان' کو کہتے ہیں۔ اب بھلا بتائیے عمر کی اس منزل میں قبرستان کو لے کر کیا کروں گا۔ مگر جب افسانہ پڑھا تو اس کے انوکھے بیانیہ اور طرز ادا کو پڑھ کر جی خوش ہو گیا۔ چلو ڈکشنریوں والی کڑی محنت اکارت تو نہیں گئی۔"

(مضمون 'بیگ احساس تم ہی ہو'، رسالہ 'چہار سو'، لاہور، جلد ۲۷، شمارہ مئی-جون ۲۰۱۸، ص ۲۰)

حنظل میں شامل ساری کہانیاں ۱۹۷۹ سے لے کر ۱۹۹۳ تک مختلف رسالوں میں چھپتی رہیں اور ۱۹۹۳ میں پھر یہ مجموعہ کتابی صورت میں شائع ہوا۔ اس میں پہلی کہانی 'پناہ گاہ کی تلاش' ذکی محمد انور کے نام لکھی ہے۔ اس میں ایک کینوس میں سارے مصنفوں کو جمع کرتے ہیں اور خود بھی اس میں موجود ہیں۔ پھر مصنف اور کردار میں وہ مکالمہ ہوتا ہے جس میں مصنف کی ساری ہیرا پھیری کھل کر سامنے آجاتی ہے۔ مکالمہ نگاری کے اعتبار سے یہ ایک خوبصورت افسانہ ہے۔ اس کہانی میں فن میں سچائی کو پیش کرنے کے مسئلے کو موضوع بنایا گیا ہے۔ ایک کینوس جو چاہتا ہے کہ اس منظر پر خوبصورت رنگوں کا برش پھیر دے لیکن کچھ مدّت گزرنے کے بعد ہی نئے رنگ دھل جاتے ہیں اور پرانی حالت پھر لوٹ آتی ہے۔ اس افسانے میں کرداروں کا کام 'منظر' اور 'تلاش' نے نبھایا ہے۔ یہ افسانہ دراصل فکشن نگاروں پر طنز کے طور پر پیش کیا گیا ہے۔

'میوزیکل چیئر' میں بھی سماج کے نچلے طبقے کی ایک عورت کی گود میں دم توڑتی بیٹی کو دکھایا گیا ہے جسے گاڑی میں سیٹ تک نصیب نہیں ہوتی اور کوئی میوزیکل چیئر پر آرام سے بیٹھا میگزین پڑھ رہا ہوتا ہے۔ دوا دارو کے لیے نزدیک کوئی ہسپتال بھی نہیں ہے۔ غربت کی وجہ سے عورت کی جسمانی حالت اتنی کمزور ہوگئی ہے کہ چھاتی سے بیٹی کے لیے دودھ تک نہیں نکلتا۔ اس طرح سے 'میوزیکل چیئر' میں ایک طرف آج کی مصروف زندگی اور وسائل کی عدم دستیابی سے پیدا شدہ مسائل دکھائے گئے ہیں وہیں عورت کو محض جنسی لذت دینے والی شئے کے طور پر بھی پیش کیا گیا ہے۔

افسانہ 'حنظل' ایک علامتی نوعیت کا افسانہ ہے جس میں ایک درخت کو موضوع

بحث بنایا گیا ہے جس میں پھل آنا خوشحالی کی طرف اشارہ ہے۔ اس افسانے میں ہندوستان کی ۲۰۰ سالہ تاریخ کو پیش کیا گیا ہے کہ کس طرح انگریزوں نے ہماری جڑوں کو نقصان پہنچایا اور ملک غلام ہو گیا۔ 'حنظل' ایک ایسا پھل ہے جو نہایت کڑوا ہوتا ہے۔ آدم کو جس پھل کی وجہ سے جنت سے نکالا گیا تھا وہ تو لذیز تھا پر آج وہی پھل حنظل کے پھل میں تبدیل ہو گیا ہے۔ یعنی زندگی کڑوی حقیقتوں سے بھر چکی ہے۔ اس افسانے میں در حقیقت جڑوں سے بچھڑنے کا شدید احساس ہے۔

'آسماں بھی تماشائی' ایک ایسی کہانی ہے جو سماج کے ان لوگوں کی بے حسی کی طرف اشارہ کرتا ہے جن کے پاس طاقت ہے اور جو بہت کچھ کر سکتے ہیں مگر نہیں کرتے کیوں کہ ان کو تماشائی بن کر دیکھنے میں ہی مزہ آتا ہے۔

افسانہ 'برزخ' کا بنیادی موضوع 'وقت' ہے۔ اس میں دو متضاد حقیقتوں، زندگی اور موت کے تصادم میں تخلیقی عمل کو استعارہ بنا کر پیش کیا گیا ہے۔ اس کہانی کو ایک اپاہج کے احساس کمتری نے قلمبند کیا ہے جو زندگی اور موت کے بیچ لٹک رہا ہے۔ اس افسانے میں وقت کو اس لیے موضوعِ بحث بنایا گیا ہے کیوں کہ اس اپاہج کے نزدیک وقت ایک عذاب ہے۔

افسانہ 'کرفیو' میں ایک عورت کے اندر پیدا ہونے والی داخلی کشمکش کو تمثیلی انداز میں بیان کیا گیا ہے جو شہر میں لگے کرفیو میں پھنس جاتی ہے اور ایک مرد کے گھر رات گزارنے پر مجبور ہو جاتی ہے۔

اسی طرح مجموعے میں شامل ایک اور افسانہ 'خس آتش سوار' جس میں قدیم ہندوستان کے مٹھوں کا نقشہ کھینچا گیا ہے جہاں مرد اور عورت ساتھ ساتھ گرودیو سے نظری علوم کی جگہ عملی علوم سیکھتے ہیں۔

بہر حال 'حنظل' میں بیگ احساس نے بیانیہ تمثیل کی تکنیک کا اکثر سہارا لیا ہے۔ اس کے افسانوں میں کرداروں کا کوئی حتمی نام نہیں ہے بلکہ وہ اپنے سیاق و سباق سے پہچانے جاتے ہیں۔ اس مجموعے میں تشبیہی ساخت کے استعارے زیادہ استعمال ہوئے ہیں۔

پروفیسر بیگ احساس کے افسانوں کا تیسرا اور سب سے اہم مجموعہ 'دَخمہ' ہے جو سال ۲۰۱۵ میں عرشیہ پبلی کیشنز، دہلی سے شائع ہوا۔ یہ افسانوی مجموعہ گیارہ افسانوں پر مشتمل ہے۔ اس کا ابتدائیہ مرزا حامد بیگ نے لکھا ہے۔ 'دخمہ' میں شامل افسانوں کی ترتیب اس طرح ہے: سنگ گراں، کھائی، چکرویو، درد کے خیمے، سانسوں کے درمیان، نجات، دھار، شکستہ پر، دخمہ، نمی دانم کہ، رنگ کا سایہ۔

اس مجموعے کے سبھی افسانے فنی پختگی کے غماز ہیں۔ جن میں برجستگی بھی ہے اور تہہ داری بھی۔ اس افسانوی مجموعے میں ستر کی دہائی میں مخصوص جدیدیت کی تحریک کی رد میں اُٹھنے والی آوازوں کا ردِ عمل دیکھنے کو ملتا ہے۔ مرزا حامد بیگ 'دخمہ' کے ابتدائیہ میں لکھتے ہیں:

"بیگ احساس کا تعلق بھی ستر ہی کے دہے سے ہے، لیکن وہ جدیدیت کی تحریک سے الگ تھلگ رہے۔ نہ 'شب خون' الہ آباد میں دکھائی دیے، نہ اوراق، لاہور میں لیکن انھیں صرف و محض سادہ بیانیہ کبھی نہیں بھایا۔ یہی سبب کہ انھوں نے سیدھے سجاؤ تشکیل دیے گئے بیانیہ کے اندر پرت در پرت کئی ایک تہیں جما کر کامل علامتی، استعاراتی، کیوبسٹک اور تجریدی افسانہ لکھنے کی بجائے ایک ایسا تہہ دار بیانیہ تشکیل دیا، جس میں معنویت کی کئی ایک پرتیں دیکھنے کو ملتی ہیں۔"

(دخمہ: بیگ احساس، عرشیہ پبلی کیشنز، دہلی، ۲۰۱۵، ص۹)

"دخمہ' کے سارے افسانے موضوع اور تکنیک کے اعتبار سے ندرت رکھتے

ہیں۔ خود مجموعے کا عنوان ہی اپنے آپ میں ندرت رکھتا ہے جو قاری کو اپنی طرف متوجہ کرتا ہے۔ 'دخمہ' میں شامل پہلا افسانہ 'سنگِ گراں' ہے۔ اس افسانے میں عورت کی نفسیات کا بڑی باریکی سے تجزیہ پیش کیا گیا ہے۔ صارفیت کے اس دور میں کیسے ایک مڈل کلاس سے تعلق رکھنے والا انسان زندگی کے فطری عوامل سے خود کو دور رکھتے ہوئے تنہائی کی زندگی بسر کرتا ہے۔ اس افسانے میں دو کردار ہیں جو آپس میں ایک دوسرے سے محبت کرتے ہیں اور شادی کر لیتے ہیں۔ لڑکے کے پاس خود کا مکان نہ ہونے کے سبب وہ لڑکی کو چھوڑ دیتا ہے۔ کچھ مدّت بعد اسے پتہ چلتا ہے کہ اس کی بیوی کے پیٹ میں بچہ پل رہا ہے تو خوش ہونے کے بجائے وہ اسے اپنا حمل گرا دینے کے لیے کہتا ہے۔ ماں بننا جو عورت کا فطری تقاضا ہوتا ہے وہ بھی شوہر کی مجبوریوں اور حالات کو مدِ نظر رکھ کر فطرت کے عمل میں رکاوٹ ڈال کر اپنے وجود سے آنے والے بچے کو گرا دیتی ہے۔

مجموعے کا دوسرا افسانہ 'کھائی'۔ ہے۔ جس میں تین نسلوں کی کہانی کو پیش کیا گیا ہے۔ اصلاً یہ کہانی تین نسلوں کے مابین نسلی اور ذہنی اختلافات کو پیش کرتی ہے۔ اس میں امیری اور غریبی کے درمیان بنی کھائی کو خوبصورتی سے دکھایا گیا ہے۔ افسانے کے تین اہم کردار شوکت علی جاگیر دارانہ ذہنیت کا حامل ہے اور کفایت جو اس کا بیٹا ہے کفایت شعار ہے اور ہر وقت کفایت شعاری سے کام لیتا ہے۔ کفایت کا بیٹا شہزادہ شاہانہ رکھ رکھاو اور تصنع کا دلدادہ ہے۔ اس افسانے میں جو تفریق دکھائی گئی ہے وہ اصل میں نئی نسل کی اس سوچ کو پیش کرتی ہے کہ دوسروں کے لیے وہ جھوٹی شان وشوکت کا لبادہ اوڑھتے ہیں لیکن اپنوں سے خلوص نہیں رکھتے۔

مجموعے میں شامل چوتھا افسانہ 'درد کے خیمے' ہے۔ یہ افسانہ ۱۹۴۷ کے بعد بٹوارے سے متعلق ہے۔ اس میں تین اہم کردار بہن، بہنوئی اور ننھی بھانجی کے ذریعے سے

ہجرت کے واقعہ کو خوبصورتی اور ڈرامائی طریقے سے دکھایا گیا ہے۔ اس افسانے میں حیدر آباد (دکن) سے کھوکھراپار کے راستے سے کراچی تک کی ہجرت کو بیانیہ انداز میں دکھایا گیا ہے۔ اس افسانے میں بیگ احساس نے ناسٹلجیا کی ایک نئی جہت کو یوں شامل کیا ہے کہ ہجرت کرے یا کوئی مر جائے دونوں ایک ہی تجربہ ہے۔

موضوع بحث افسانوی مجموعے میں شامل پانچواں افسانہ 'سانسوں کے درمیاں' ہے۔ یہ افسانہ انسانی رشتوں کی پامالی اور جھوٹی شان وشوکت سے متعلق ہے۔ انسان کے پاس جب دولت ہوتی ہے یا پیسہ ہوتا ہے تب سارے رشتے دار انتہائی قریب معلوم ہوتے ہیں اور جوں ہی ہاتھ سے پیسہ چلا جاتا ہے سب رشتے پرایے ہو جاتے ہیں۔ اس افسانے میں انسانی جذبات کو ابھرتے اور ڈوبتے دکھایا گیا ہے۔

'دخمہ' میں شامل چھٹا افسانہ 'نجات' ہے۔ یہ ایک نفسیاتی افسانہ ہے جس کا مرکزی کردار فرحان ہے۔ اس افسانے میں ۹/۱۱ کے بعد گلف ممالک سے ان وطن واپس لوٹنے والوں کو موضوع بحث بنایا گیا ہے، جن کو اپنے ملک میں دوبارہ سیٹ ہونے میں مختلف دشواریوں کا سامنا کرنا پڑتا ہے۔ نتیجے کے طور پر وہ خود کی اور دوسروں کی زندگی اجیرن بنا دیتے ہیں۔

مجموعہ 'دخمہ' میں شامل ساتواں افسانہ 'دھار' ہے۔ یہ بھی ایک نفسیاتی مگر سیاسی نوعیت کا افسانہ ہے۔ اس افسانے میں قومی اور بین الاقوامی سطح پر مسلمانوں کی جو ستم خوردہ حالت ہے اس کو تمثیلی انداز میں پیش کیا گیا ہے۔

مجموعے میں شامل آٹھواں افسانہ 'شکستہ پر' ہے۔ یہ افسانہ عورت کی نفسیات اور رشتوں کی نزاکت پر مبنی ہے۔ اس کہانی کے مرکزی کردار، سشما، سمیر اور سمن ہے۔ سشما جو ایک طلاق یافتہ عورت ہے اس کی ایک بیٹی (سمن) بھی ہے۔ سمیر سشما کے ساتھ

شادی کرلیتا ہے پھر بیٹی کو اپنانے کا مسئلہ، بیٹی کو اپنانے کے بعد اس کا اپنی ماں کے ساتھ موازنہ کرنا اور اپنے سوتیلے باپ کی جانب راغب ہونا وغیرہ یہ وہ واقعات ہیں جن کو اس افسانے میں دکھایا گیا ہے۔

زیرِ گفتگو افسانوی مجموعے کا نواں افسانہ خود مجموعے کا عنوان 'دخمہ' ہے۔ دخمہ جس کو پارسی قبرستان یا نعش کے رکھنے کی خاص جگہ کہا جاتا ہے۔ چوں کہ اس افسانے میں پارسی برادری جس میں کسی مرنے والے کو دفن یا جلانے کے بجائے دخمہ کی چھت پر رکھ دیا جاتا ہے جہاں اس کی نعش کو گدھ نوچ لیتے ہیں۔ پارسیوں کے یہاں یہ ایک مذہبی عقیدہ ہے اور اسے نیک شگن مانا جاتا ہے۔ یہ افسانہ گاتھی (Gothic) طرز کا افسانہ ہے جس میں عقائد، رسومات، روایات، تاریخ، سیاست اور انسانی میلانات کو ایک دوسرے کے ساتھ ضم ہوتے ہوئے دکھایا گیا ہے۔

افسانوی مجموعہ 'دخمہ' میں شامل دسواں افسانہ 'نمی دانم' ہے۔ اس افسانے میں خانقاہ کی زندگی اور وہاں ہو رہے واقعات کو پیش کیا گیا ہے۔ یہ افسانہ در حقیقت اندھی عقیدت اور توہم پرستی سے متعلق ہے اور 'دخمہ' کا آخری افسانہ 'رنگ کا سایہ' ہے۔ اس افسانے میں ریاست حیدرآباد میں مسلمانوں کے اقتدار کے خاتمے کے بعد کی صورت حال کا خوبصورت نقشہ کھینچا گیا ہے۔

یہ تھا بیگ احساس کے مختصر مگر فنی و تکنیکی اعتبار سے پختہ افسانوں کا خاکہ۔ مجموعی طور پر بیگ احساس کے افسانے فن کی بلندیوں کو چھوتے نظر آتے ہیں۔ ان کی زبان اگرچہ دکنی تھی لیکن اپنے افسانوں پر اس کو حاوی نہیں ہونے دیا۔ زبان سادہ اور برجستہ ہے۔ جملے بھی مختصر استعمال کیے ہیں۔ پلاٹ سیدھے سادے ہیں۔ واقعات کی ترتیب میں تسلسل قائم ہے اور مکالمے نہایت چست اور برمحل ہیں۔ حیدرآبادی فضا کو اکثر افسانوں

کی زینت بنایا ہے۔ کرداروں کی تخلیق میں بھی مہارت رکھتے ہیں۔ بیگ احساس کے افسانے جدید حسیت کی فنکارانہ مثال ہیں اور ان کے افسانوں کی سب سے نمایاں خوبی جو ذہن پر دیرپا اثر چھوڑتی ہیں، ان کا حزنیہ اختتام ہے۔ انھوں نے جو بھی لکھا تنقید کی کسوٹی پر پرکھ کر لکھا۔ یہی وجہ ہے کہ موضوعاتی اعتبار سے اور تکنیکی اعتبار سے بیگ احساس کے افسانے جدید دور میں نمائندہ حیثیت حاصل کر چکے ہیں۔

'کرشن چندر شخصیت اور فن' بیگ احساس کی پی ایچ ڈی کا موضوع تھا۔ اس کام میں بیگ احساس نے انتہائی باریک بینی سے کام لے کر کرشن چندر کے ان تمام پنوں کو کھنگالنے کی کوشش کی جو تاریخ کے اوراق میں گم تھے۔ یہ کام بیگ احساس نے پروفیسر گیان چند کی فرمائش پر ۱۹۷۹ میں شروع کیا اور ۱۹۸۵ میں مکمل کیا۔ اس کا پہلا باب کرشن چندر کی حالات زندگی پر مشتمل ہے جس میں بیگ احساس نے پیدائش سے متعلق اور ان کی بڑی بہن چندر مکھی کے ساتھ ساتھ سلمیٰ صدیقی سے شادی وغیرہ کی اصل سے قارئین کو آشنا کرانے کی کوشش کی ہے۔ دوسرے باب میں کرشن چندر کے بچپن، لڑکپن، جوانی، عملی زندگی، کھان پان، ملازمتیں، گھریلو زندگی، سیاسی نظریات وغیرہ سے متعلق جانکاری دی گئی ہے۔ تیسرے باب میں بیگ احساس نے کرشن چندر کے فن پر بات کرکے ان کے افسانوں کو دو ادوار میں تقسیم کیا ہے۔ پہلا دور ۱۹۳۶ تا ۱۹۴۵ اور دوسرا دور ۱۹۴۵ تا ۱۹۷۷۔ چوتھے باب میں بیگ احساس نے ۳۰۰ سے زائد افسانوں، ۴۴ ناولوں، ڈراموں، تنقیدی مضامین، مزاحیہ مضامین، رپورتاژ، بچوں کا ادب، خاکوں، خطوط، دیباچوں وغیرہ کی فہرست تیار کی ہے اور ساتھ ساتھ چند تخلیقات کا تنقیدی جائزہ بھی لیا ہے۔

'شور جہاں' یہ کتاب ۲۰۰۵ میں مکتبہ شعر وحکمت سے شائع ہوئی۔ اس کتاب میں ۲۱ مضامین ہیں جنھیں بیگ احساس نے چار ابواب میں تقسیم کیا ہے۔ (۱) زمیں کھا گئی

آسمان کیسے کیسے۔(۲) پھول کی پتی سے۔(۳) ولولہ روح میں افسانہ در افسانہ اٹھا۔(۴) ناخن کا قرض

یہ مضامین مختلف موقعوں پر لکھے گئے ہیں جن میں فکر انگیزی بھی ہے اور باریک بینی بھی۔اس کتاب کا پہلا مضمون 'امیر مینائی حیدر آباد میں' ہے۔'شورِ جہاں' میں شامل دیگر مضامین اس طرح ہیں:

امجد حیدر آبادی کی نثر،اقبال اور حیدر آباد، مولانا حسرت موہانی ایک بے باک و حق گو مجاہدِ آزادی، جوش اور فراق کی شخصیتیں، پریم چند کی فکر، آگ کا دریا، جو رہی سو بے خبری، اردو شاعرات کی لسانی حسیت، نیا اردو افسانہ تشکیک سے تشکیل تک، معاصر اردو افسانہ وغیرہ اور ناخن کا قرض میں ٦ مضامین جو مختلف تقاریب اور جلسوں میں پڑھے گئے ہیں۔

ہزار مشعل بکف ستارے (مرتب): یہ کتاب ۲۰۰۵ میں استعارہ پبلی کیشنز، نئی دہلی سے شائع ہوئی۔ انتخاب کلامِ علی ظہیر کو مرتب کر کے بیگ احساس نے یہ کارنامہ انجام دیا ہے۔یہ کتاب بیگ احساس نے شمس الرحمن فاروقی کے نام کی ہے۔اس کتاب میں بیگ احساس نے علی ظہیر کی سینتیس سالہ شاعری کی ۱۸۳ نظموں اور چند غزلوں کا انتخاب کیا ہے۔اس کتاب کو مرتب کرنے کے پیچھے بیگ احساس کا جو مقصد تھا وہ بقول ان کے یہ تھا:

"علی ظہیر مجھے جدید شاعروں میں ویسے ہی منفرد لگتے ہیں جیسے ترقی پسند شاعروں میں فیض تھے۔فیض کے یہاں عربی اور انگریزی کا پس منظر تھا تو علی ظہیر کے یہاں فارسی اور انگریزی کا پس منظر ہے۔فیض نے غم جاناں سے لے کر بین الاقوامی مسائل تک کو اپنی نظموں میں جگہ دی۔ علی ظہیر نے بھی بین الاقوامی مسائل اور مظلوموں سے

ہمدردی کے ساتھ عشق، وصل اور ہجر کی کیفیات کا خوب صورت اظہار کیا ہے۔ علی ظہیر کے یہاں بھی فیض کے موضوع سخن کی طرح کشمکش ہے۔"

(ہزار مشعل بکف ستارے: بیگ احساس (مرتب)، استعارہ پبلی کیشنز، نئی دہلی ۲۰۰۵، ص ۱۱)

پروفیسر بیگ احساس کی صحافتی خدمات:

بیگ احساس کا صحافت سے گہرا تعلق تھا۔ان کی صحافتی زندگی کا آغاز ' فلمی ستارے' سے ہوا۔ ابتدا میں حیدر آباد کے مختلف روزناموں (فلم رہبر، منصف، سیاست وغیرہ) میں فلمی صفحوں کے لیے ہفتہ وار کالم لکھتے تھے۔ پروفیسر مغنی تبسم کے انتقال کے بعد اردو کے مشہور رسالہ 'سب رس' کے مدیر بنے۔ سب رس ملک کا قدیم ماہنامہ ہے جو ادارہ ادبیات اردو، حیدر آباد سے نکلتا ہے۔ بیگ احساس کافی عرصے سے تا حال اس رسالے کے مدیر رہے۔ اس کے علاوہ اقبال اکیڈمی حیدر آباد سے نکلنے والا رسالہ 'اقبال ریویو' کے بھی مدیر رہے۔ اس کے تحت ایک خصوصی شمارہ' مطالعہ اقبال آہنگِ غالب کے پسِ منظر میں' نکالا جو کافی مشہور ہوا۔ اس کے علاوہ آن لائن ادبی فورم 'بازگشت' کے سرپرست کے طور پر بھی صحافتی خدمات انجام دیں۔ ' بازگشت' کی جانب سے مختلف موضوعات کے تحت نشستوں کا اہتمام کیا۔

متذکرہ بالا خدمات کے علاوہ پروفیسر بیگ احساس نے دکن کے نامی گرامی شاعر شاذ تمکنت کا مونوگراف بھی لکھا ہے اور ساتھ ہی ساتھ تعلیم بالغان کے حوالے سے دو کتابیں (مرزا غالب، بوجھ کیوں بنوں) اور ڈاکٹر ایم کے کول کے ساتھ مل کر دکنی فرہنگ بھی ترتیب دی ہے۔ مجموعی طور پر بیگ احساس دیارِ دکن کے مقبول ترین ادیبوں اور صحافیوں میں سے ایک ہیں جس نے اپنی قابلیت، ذہانت اور متانت سے نہ صرف اپنی

تخلیقات کو سجایا سنوارا بلکہ دکنی تہذیب اور دکنی حسّیت سے تہہ دار بیانیہ کی صورت ایجاد کر کے انھیں تہذیبی ورثہ بنا دیا ہے۔ اتنا ہی نہیں اپنی محنت لگن اور علمی صلاحیت سے عثمانیہ یونیورسٹی اور یونیورسٹی آف حیدر آباد میں اردو طلبا کی ایک بڑی کھیپ تیار کی۔ قومی اور بین الاقوامی سطح پر سمیناروں کا انعقاد کر کے نہ صرف حیدر آباد بلکہ پورے اردو ادب کی شان بلند کی۔ پچھلی تین چار دہائیوں میں جدید ڈکشن میں ایسی کہانیاں ترتیب دیں کہ جدید اردو افسانہ کے موضوع پر گفتگو ان کے حوالے کے بغیر ادھوری ہے۔ فن افسانہ نگاری میں اپنا لوہا منوانے کے ساتھ ساتھ تنقید کے میدان میں بھی اپنی انفرادیت قائم کرنے میں کامیاب ہوئے ہیں۔ مختصراً ہم یہ کہہ سکتے ہیں کہ گلشن ادب میں بیگ احساس کی ذات بہار کی مانند تھی۔

***

بیگ احساس کے افسانہ "درد کے خیمے" کا تنقیدی جائزہ

کہکشاں جبین

بیگ احساس ساہتیہ اکیڈیمی ایوارڈ یافتہ اردو کے نامور افسانہ نگار ہیں۔ اردو کے موجودہ افسانہ نگاروں میں وہ قدر کی نگاہ سے دیکھے جاتے ہیں۔ بنیادی طور پر وہ افسانہ نگار ہیں۔ تاہم وہ ایک بلند پایہ محقق' نقاد' ادیب' صحافی اور استاد اردو بھی ہیں۔ جامعہ عثمانیہ اور یونیورسٹی آف حیدرآباد کے شعبے اردو کے صدر بھی رہے۔ بیگ احساس کا اصل نام محمد بیگ ہے لیکن بیگ احساس کے نام سے اردو دنیا میں مشہور ہیں۔ ۱۰۔ اگسٹ ۱۹۴۸ء کو حیدرآباد میں پیدا ہوئے۔ ابتدائی ملازمت اور کچھ عرصہ صحافت سے وابستہ رہنے کے بعد یونیورسٹی آف حیدرآباد سے "کرشن چندر شخصیت اور فن" موضوع پر پی ایچ ڈی کی ڈگری حاصل کی۔ عثمانیہ یونیورسٹی میں اردو لیکچرر کے عہدے پر فائز ہوئے اور ترقی کرتے ہوئے پروفیسر اور صدر شعبہ اردو کے عہدے تک پہونچے۔ جامعہ عثمانیہ کے اساتذہ پروفیسر مغنی تبسم' پروفیسر سیدہ جعفر' پروفیسر یوسف سرمست' پروفیسر اشرف رفیع' غیاث متین' ڈاکٹر عقیل ہاشمی' ڈاکٹر مجید بیدا اور ڈاکٹر افضل الدین اقبال وغیرہ کے ساتھ شعبہ اردو کی سرگرمیوں میں حصہ لیا۔ بعد میں یونیورسٹی آف حیدرآباد میں پروفیسر اور صدر شعبہ اردو رہے۔ اپنے تخلیقی سفر کے دوران ان کی کتابیں خوشہ گندم (افسانوی مجموعہ ۱۹۷۹)' حنظل (افسانوی مجموعہ ۱۹۹۳)' کرشن چندر شخصیت اور فن (تحقیق ۱۹۹۹)

'شور جہاں (تنقیدی مضامین۲۰۰۵ء)' ہزار مشعل بکف ستارے(۲۰۰۵ء) درد کے خیمے(افسانوی مجموعہ ۲۰۰۹ء)مرزا غالب(تعلیم بالغان ۲۰۰۴ء)' بوجھ کیوں بنوں(تعلیم بالغان۲۰۰۴ء)' شاذ تمکنت (مونو گراف ۲۰۱۰ء) دکنی فرہنگ (بہ اشتراک، ڈاکٹر ایم۔کے۔کول ۲۰۱۲) اور دخمہ (افسانوی مجموعہ ۲۰۱۵ء) شائع ہوئیں۔ ان کے افسانوں کا انگریزی زبان میں ترجمہ بھی ہوا۔

وہ کچھ عرصہ صحافت سے بھی وابستہ رہے رہبر فلم'سیاست 'منصف وغیرہ اردو اخبارات کے فلمی صفحوں کے لیے ہفتہ وار کالم لکھتے رہے۔ انہوں نے خاکہ نگاری میں بھی طبع آزمائی کی۔ حیدرآباد کی ادبی شخصیات پر انہوں نے خاکے لکھے۔ ان کا مقبول خاکہ "مجتبیٰ حسین" کے نام سے مشہور ہوا۔ ساہتیہ اکیڈیمی دہلی کے اردو مشاورتی بورڈ کے رکن رہے۔

حال ہی میں ساہتیہ اکیڈیمی نے انہیں ان کے تازہ افسانوی مجموعہ "دخمہ" کی اشاعت پر ساہتیہ اکیڈیمی ایوارڈ سے نامزد کیا، انہیں آندھرا پردیش اردو اکیڈیمی کی جانب سے بیسٹ ٹیچر ایوارڈ دیا گیا اور ان کی کتابوں پر پانچ ایوارڈ بھی ملے۔ اردو اکیڈیمی تلنگانہ اسٹیٹ کی جانب سے انہیں سال ۲۰۱۶ ء کا باوقار مخدوم ایوارڈ دیا گیا ہے۔ اس طرح وہ ساہتیہ اکیڈیمی ایوارڈ کے بعد باوقار مخدوم ایوارڈ کے حامل حیدرآبادی افسانہ نگار بن گئے ہیں۔ بیگ احساس کے افسانے مختلف کالجوں کے اردو نصاب کا حصہ بھی ہیں۔ گری راج کالج نظام آباد نے ان کے افسانہ "درد کے خیمے" کو اپنے نصاب میں شامل کیا ہے۔

بیگ احساس پروفیسر مغنی تبسم کے انتقال کے بعد عالمی شہرت یافتہ رسالہ "سب رس" کے مدیر ہیں۔ اور ملک کی کئی ادبی و لسانی تنظیموں سے وابستہ ہیں۔ مختلف ادبی

اجلاسوں اور سمیناروں میں شرکت کے لئے ملک و بیرون ملک کی جامعات اوراداروں کا دورہ کیا۔

بیگ احساس نے اپنے ادبی سفر کا آغاز افسانہ نگاری سے کیا اور گذشتہ تین دہائیوں میں انہوں نے جدید ڈکشن میں ایسی کہانیاں لکھیں کہ جدید اردو افسانہ کے موضوع پر گفتگو بیگ احساس کے حوالے کے بغیر ادھوری رہ جائے گی۔ " حنظل " (افسانوں کا مجموعہ) ان کے فن کا روشن نمائندہ ہے۔ تدریسی صلاحیت میں یہ اپنی انفرادیت رکھتے ہیں۔ ایم اے ایم فل کے علاوہ پی ایچ ڈی کی سطح پر ان کے شاگردوں میں چند ایک نامور شاعر وادیب بھی ہیں۔ ان کے مقالہ "کرشن چندر شخصیت اور فن "کے حوالے سے بیگ احساس کے تحقیقی معیار کو دنیائے ادب نے تسلیم کیا ہے۔ جامعہ عثمانیہ کی فاصلاتی تعلیم کے نصاب کی ترتیب اور دیگر اداروں کی نصابی کتب کی ترتیب کے حوالے سے بیگ احساس کو ماہرین تعلیم کی صف میں شمار کیا جاتا ہے۔ فن افسانہ نگاری کے میدان میں اپنے آپ کو منوانے کے بعد بیگ احساس نے تنقید کے میدان میں قدم رکھتے ہی اپنی سنجیدہ متوازن، متنی تنقید کے پیمانوں سے معمور مدلل اور بصیرت افروز نکات کے حوالے سے ہندوستان کے شمال اور جنوب دونوں سمتوں میں اعتبار واحترام کے حامل ہوگئے۔

بیگ احساس نے ' اپنے ادبی سفر کے چالیس برسوں میں چارافسانوی مجموعوں کا گرانقدر سرمایہ دیا ہے جن میں "خوشۂ گندم " " حنظل " " درد کے خیمے " اور " دخمہ "شامل ہیں۔ اس کے علاوہ ان کے ادبی مضامین کا مجموعہ " شور جہاں " بھی منظر عام پر آچکا ہے۔ انہوں نے تخلیقی اظہار کے لیے افسانہ کی صنف کا انتخاب کیا ہے۔ انہوں نے سماجی تنقید کے ذریعہ ہندوستانی مسلمانوں کو درپیش مسائل کا نہایت فنکارانہ اور تخلیقی پیرائے میں جائزہ لیا ہے۔ ان کی بعض تحریروں کا انگریزی کے علاوہ کنڑ زبانوں میں ترجمہ

کیا جاچکا ہے۔ ان کی ایوارڈ یافتہ تصنیف " دخمہ " دراصل سکندرآباد کے قدیم پارسی قبرستان کے قریب رہنے والوں کی زندگیوں کے گرد گھومتی ہے۔

بیگ احساس نے بہت کم افسانے لکھے ہیں۔ لیکن جتنے افسانے لکھے اس میں انہوں نے کہانی کو فنکاری سے پیش کیا۔ ان کے افسانے سماجی'ادبی و فنی خصوصیات پر پورے اترتے ہیں۔ وہ حیدرآبادی تہذیب کے نمائندے ہیں انہوں نے اس دور میں زندگی گزاری جب کہ حیدرآباد کی ریاست کو زوال ہوا تھا اور ہندوستان آزاد ہونے کے بعد زندگی نے کئی تبدیلیاں دیکھیں۔ ان کا ایک افسانہ "درد کے خیمے "ہے۔اس افسانے میں ہجرت کے کرب کو بیان کیا گیا ہے۔ تقسیم ہند ہندوستانی مسلمانوں کے لیے بڑا المیہ تھا۔ تقسیم سے متعلق جہاں حقیقی واقعات لوگوں کے سینہ بہ سینہ ہم تک پہونچے ہیں وہیں اردو کے فکشن نگاروں نے تقسیم سے متعلق واقعات اور انسانی زندگی کے المیے کو اپنے اپنے طور پر پیش کیا۔ حیدرآباد چونکہ نظام کی ایک مضبوط حکومت تھی اس لیے ہندوستان کی آزادی کے فوری بعد یہاں کے مسلمانوں نے ہجرت کے بارے میں نہیں سوچا لیکن ریاست حیدرآباد کے ہند یونین میں انضمام اور پولیس ایکشن کے بعد یہاں مسلمانوں کے ساتھ ہوئے ناروا برتاؤ کو دیکھتے ہوئے کچھ خاندانوں نے پاکستان ہجرت کی تھی۔ لیکن اس ہجرت کا بڑا المیہ یہ تھا کہ خاندان تقسیم ہو گئے تھے کچھ لوگ یہیں رہ گئے اس ارادے کے ساتھ کہ جئیں گے یہیں اور مریں گے یہیں کیوں کہ ان کے اسلاف نے اس ملک کی آزادی کے لیے قربانیاں دیں تھیں اور اسی ملک کی مٹی میں دفن ہو کر ملک سے اپنی محبت کا ثبوت دیا تھا کچھ لوگ اس لیے ہجرت کر گئے کہ انہیں یہ سراب دکھائی دیا کہ پڑوسی ملک میں ہو سکتا ہے ان کے لیے اچھا مستقبل ہو۔ افسانہ "درد کے خیمے "میں حیدرآباد چھوڑ کر کراچی پاکستان ہجرت کرنے والے ایک خاندان کے المیے کو بیگ احساس نے

فنکاری سے پیش کیا ہے۔

افسانے کی کہانی کچھ اس طرح ہے کہ حیدرآباد سے کراچی پاکستان ہجرت کر جانے والے خاندان کی خاتون اپنے والدین اور بھائی بہنوں کو یاد کرتی رہتی ہے لیکن دو ممالک کے حالات کے پیش نظر یہ لوگ ایک دوسرے سے مل نہیں سکتے۔ آخر کار خاتون کا انتقال ہو جاتا ہے۔ جب یہ خبر ہندوستان میں حیدرآباد میں مقیم اس خاتون کے بھائی کو دی جاتی ہے تو وہ اپنے بہنوائی اور ان کے بچوں سے ملاقات کے لئے ذریعے ہوائی جہاز کراچی روانہ ہوتا ہے۔ جب اس کی بہن نے ہجرت کی تھی تو وہ بہت چھوٹا تھا۔ اس کے والدین کے انتقال کے بعد اس کے دیگر بھائی بہنوں کی پرورش اور ان کی شادی بیاہ اسی کی نگرانی میں ہوئی تھی یہی سبب ہے کہ وہ پڑوسی ملک میں موجود اپنی بہن اور ان کے بچوں سے ملنے نہیں جا سکا تھا۔ ایرپورٹ پر اس کی بھانجی اور بہنوائی اس کا استقبال کرتے ہیں۔ بچے اپنے ماموں کو حیرت سے دیکھتے ہیں۔ اور بھانجی اور اس کے بہنوائی اسے سارے حالات سناتے ہیں۔ یہ لوگ قبرستان جا کر بہن کی قبر کی زیارت کرتے ہیں۔ اور آپس میں مل کر غم کا اظہار کرتے ہیں۔ بھائی دوران قیام حیدرآباد کے حالات اور حیدرآباد کی ترقی اور اپنے گھر کے حالات سناتا ہے۔ بہنوائی کہتے ہیں کہ کراچی میں انہیں ایک عرصہ گذارنے کے باوجود مہاجر ہی کہا جاتا ہے اور زندگی میں انہیں ترقی کے مواقع کم دستیاب ہیں۔ ہندوستان میں اچھی ترقی ہوئی جب کہ یہاں آپسی جھگڑے زیادہ ہیں۔ پندرہ دن گذرنے کے بعد بھائی وطن واپسی کے لئے نکلتا ہے۔ واپسی میں ایک مرتبہ پھر قبرستان جا کر بہن کی قبر کی زیارت کرتا ہے۔ ایسا لگتا ہے کہ بہن بھی اس کے ساتھ اپنے وطن واپس چلنے کے لئے بے چین ہے۔ جب وہ حیدرآباد آکر اپنے خیریت سے پہونچنے کی اطلاع دیتا ہے تو بہنوائی ایک عجیب اطلاع دیتے ہیں کہ واپسی میں وہ لوگ ایک مرتبہ پھر قبرستان گئے تھے

لیکن یہ دیکھ کر ان کی حیرت کی انتہا نہ رہی کہ قبرستان میں ان کی بہن کی قبر کا کہیں پتہ نہ تھا۔ شائد ان کی قبر کی مٹی اپنے بھائی کے ساتھ اپنے وطن واپس چلی گئی ہو۔

افسانہ "درد کے خیمے" میں کہانی فنکاری سے بیان کی گئی ہے۔ یہ اس دور کا قصہ ہے جب کہ ہندوستان اور پاکستان کے مابین خطوط بھی سنسر ہو کر آیا کرتے تھے اسمارٹ فون کا دور ابھی شروع نہیں ہوا تھا اور لوگ اپنے عزیزوں کے چہروں سے بھی واقف نہیں تھے۔ بھائی قصہ بیان کرتا ہے۔ تیس سال بعد اس کے پاکستان سفر کا حال کچھ یوں شروع ہوتا ہے۔

"جیسے ہی پلین نے لینڈ کیا میں نے بے ساختہ گھڑی پر نظر ڈالی۔ صرف ڈیڑھ گھنٹے کا سفر۔ ڈیڑھ گھنٹے کا یہ فاصلہ میں نے پورے تیس سال میں طے کیا۔ ضروری اُمور کی تکمیل کے بعد سب نے منتظر چہرے تلاش کر لئے اور تیزی سے روانہ ہو گئے تھے۔ میں وقت کی جس منزل پر رُکا اس چہرے کو تلاش کر رہا تھا وقت اس سے کہیں آگے بڑھ گیا تھا۔ کھچڑی داڑھی والے شخص کے ساتھ ایک خاتون بھی تھی۔ جس کی آنکھیں بے چین سی تھیں۔ میرے وجود میں اشارے وصول ہونے لگے میں آگے بڑھا تو اس شخص نے میرا نام پوچھا اور میرا نام پوچھ کر مجھ سے لپٹ گیا۔ اس کے پورے بدن میں لرزش تھی۔ میرے اندر درد کی لہریں اُٹھ رہی تھیں۔ اس درد نے مجھے یقین دلایا کہ یہی میرے بہنوئی اور بھانجی ہیں۔ "تصویروں کے سہارے پہچاننا کتنا مشکل ہو جاتا ہے تم نے آنے میں بہت دیر کر دی"۔ بہنوئی نے بھرائی ہوئی آواز میں کہا"۔

(بیگ احساس "افسانہ درد کے خیمے "مشمولہ ڈگری اردو نصاب گری راج کالج نظام آباد)

اس اقتباس سے اندازہ ہوتا ہے کہ کس طرح جب کافی عرصے بعد اپنے ہی

عزیز ملتے ہیں تو حیرت و استعجاب کا ماحول رہتا ہے۔

بھائی پاکستان پہنچ کر تیس سال پہلے وہ منظر یاد کرتا ہے جب وہ چھوٹا تھا اور سب لوگ مل کر اپنی بہن اور ان کے خاندان کو اسٹیشن پر چھوڑ آئے تھے بھائی سوچتا ہے "اس چہرے پر بہتے آنسوؤں نے میرے وجود کے اندر لگے Rewind کے بٹن کو دبا دیا۔ کئی منظر تیزی سے پیچھے کی طرف دوڑنے لگے۔ اب میں چھوٹا سا سات برس کا لڑکا ہوں۔ گھر کا عجیب سا ماحول ہے۔ امی کی آنکھیں سرخ رہتی ہیں۔ ابا بھی چپ چپ رہتے ہیں۔ اس فضا نے ہمیں سہما دیا تھا۔۔ بہن کا سامان باندھ دیا گیا۔ ابا اور ماموں بھی تیار ہیں۔ بہن امی سے الگ ہی نہیں ہو رہی تھیں۔ ابا بار بار کہہ رہے تھے " اب چلو بیٹا ٹرین کا وقت ہو رہا ہے"۔ لہجے میں غصہ نہیں بے بسی تھی۔ میری ننھی سی بھانجی میری کسی بہن کی گود میں دبکی بیٹھی ہے۔ بہنوائی کا چہرہ سخت پتھر جیسا ہے۔ ماموں نے بڑی مشکل سے بہن کو الگ کیا۔ انہیں رکشہ پر سوار کر دیا گیا۔ اور دوسری بہنیں دروازے تک آکر رُک گئیں۔ ایک کہرام اُٹھا جیسے گھر سے کوئی میت جا رہی ہو۔ ہم اپنی بہن کو اسی روز رو لئے۔ ابا اور ماموں دوسرے رکشے میں بیٹھ گئے۔ ماموں نے مجھے بھی گود میں بٹھالیا۔ ٹرین آگئی بہن ٹرین میں سوار ہونے کے لئے تیار نہیں ہو رہی تھیں۔ ماموں نے بہن کو ٹرین میں سوار کروایا۔ " تم لوگ پہونچو میں بھی تمہارے پیچھے آرہا ہوں"۔ ماموں بھی بے روزگار تھے۔ "ہاں ہم سب وہاں آجائیں گے بیٹا" ابا نے بھرائی ہوئی آواز میں کہا۔ ٹرین نے سیٹی دی تو بہن نے اچانک مجھے بھینچ لیا۔ اور بے تحاشہ پیار کرنے لگیں۔ میرے اندر کچھ پگھلنے لگا۔ اور میں چیخ چیخ کر رونے لگا۔ ٹرین چلنے لگی تو ماموں نے مجھے ان کی گود سے لے لیا۔ وہ چہرہ' چہرہ میں اسے بھول ہی نہیں سکا۔ پورے دھندلے منظر میں وہ ایک ہی چہرہ فوکس میں تھا۔ شارپ!! پھر سب کچھ آوٹ آف فوکس ہو گیا۔ آنسوؤں سے تر چہرے پر منظر

رُکا۔ اس چہرے پر شدید بے بسی تھی۔ ٹرین کے ڈبے سے جھانکتا ہوا وہ چہرہ میری بہن کا تھا۔ ٹرین پٹریوں پر رینگتی چلی گئی۔ پھر ایک نقطہ بن کر فضاء میں کھوگئی۔ میں نے اپنی بہن کو پھر نہیں دیکھا۔ " (بیگ احساس " افسانہ درد کے خیمے "مشمولہ ڈگری اردو نصاب گری راج کالج نظام آباد)

بھائی اپنے بہنوائی کے ساتھ روز رات کو بیتے دنوں کی باتیں دہرا کر اپنا غم ہلکا کرتا رہتا تھا۔ جس طرح ہجرت کرکے پاکستان جانے والے آج بھی مہاجر کہلاتے ہیں اور خاص طور سے حیدرآباد چھوڑ کر جانے والوں کو حیدرآباد کی یاد ستاتی ہے اسی طرح اس افسانے میں بیگ احساس نے ریاست حیدرآباد کے شاندار ماضی کو مختلف اشاروں میں بیان کیا ہے۔ اور اس بیان میں افسانہ نگار خود بھی فخریہ طور پر شامل ہو جاتے ہیں۔ بیگ احساس لکھتے ہیں:

"دن بھر ہم شہر کے خوبصورت مقامات دیکھتے۔ لوگوں سے ملتے۔ بچوں کو اپنے اس شہر پر بڑا فخر تھا۔ سمندر کے کنارے بسا یہ شہر تھا بھی خوبصورت۔ رات ہوتے ہی بہنوائی میرا ہاتھ پکڑ کر ماضی کے اس شہر میں لے چلتے۔ جو ایک ایسی ریاست کا دارالخلافہ تھا۔ جس کر رقبہ اٹلی کے برابر تھا۔ جس کی آب و ہوا بحیرہ روم جیسی تھی۔ پہاڑیوں سے گھرا باغوں اور جھیلوں کا شہر جس کی بنیاد محب کی یادگار تھی۔ جس کی ہواؤں میں مستی تھی۔ اتنی مستی کہ آدمی پر نشہ طاری رہتا۔ مخصوص بولی 'مخصوص تہذیب' ان کا اپنا بادشاہ تھا۔ جس کو اعلیٰ حض۔رت 'حضور 'فاتح دوراں 'نوشیرواں زماں 'امیر المومنین وغیرہ القاب سے بلاتے۔ اس پر جان چھڑکتے۔ ان کی اپنی جامعہ 'اپنی ریل' اپنا سکہ 'اپنا ٹپہ 'اپنی فیکٹریاں 'لوہے 'کوئلے اور سونے کی کانیں تھیں۔ سمنٹ کی پختہ سڑکیں اور خوبصورت عمارتیں تھیں۔ دور دور سے تاجر یہاں آکر آباد ہوگئے تھے۔ اہل علم کی

قدر افزائی ہوتی تھی۔ ملازمتوں کے حصول کے لئے لوگ آتے تو یہیں کے ہو کر رہ جاتے ۔اس شہر کا سینہ بے حد فراخ تھا۔ اس شہر سے نکل کر میں نے اپنے بہنوائی سے پوچھا کہ " پھر وہ شہر کیسے گم ہو گیا" اتنا وقت گذر جانے کے بعد اب سب کچھ صاف صاف نظر آرہا ہے۔ وقت کو پہچاننے میں غلطی ہوئی تھی۔ اس رہنما کے سر میں ایک ہی سودا تھا کہ اس مملکت کو آزاد رہنا ہے۔ پھر تو انتہا پسند انقلابی لیڈر کی آواز بادشاہ کی آواز سے اونچی ہو گئی۔ لوگ اس کے اشاروں پر ناچنے لگے۔ سیاست کی جگہ جذبات نے لے لی۔ حکومت کی جگہ جوشیلی تقریریں آگئیں۔ سیاسی لڑائی کو مذہبی رنگ دیا گیا۔ نیم فوجی دستے بنے۔ نوجوانوں کو خدا'مذہب اور قرآن کے نام پر قربانی کے لئے تیار کیا گیا۔ ریڈیو سے حب الوطنی کے گیت بجائے جانے لگے۔ جب وقت آیا تو نیم فوجی دستے لڑنے نکلے۔ شاہ کے نام کے نعرے بلند ہوئے۔ جیالے نوجوان ٹینکروں کے سامنے لیٹ گئے۔ بادشاہ کا فوجی کمانڈر اپنی فوج کے ساتھ تماشہ دیکھتا رہا۔ دیکھتے ہی دیکھتے تیس ہزار لاشوں کو عبور کر کے وہ لوگ آ گئے۔ ایک شرم ناک شکست !سب ختم ہو گیا۔ بلند بانگ دعوؤں کے رد عمل کے خوف سے ماں باپ نے اپنی بیٹیوں کو کنویں میں چھلانگ لگانے اور زہر کھانے پر مجبور کر دیا۔ فوجی کمانڈر نے آگے بڑھ کر فاتحین کا استقبال کیا۔ قربانیاں رائیگاں گئیں۔ بادشاہ وقت نے انہیں غدار قرار دیا۔ آزاد مملکت کا خواب چکنا چور ہو گیا۔ خوف و ہراس کے اس ماحول میں ترکی ٹوپیاں چھپادی گئیں۔ بعض افراد نے گھبرا کر گاندھی کیپ اوڑھ لی۔ جسے ایک مضبوط قلعہ سمجھا جا رہا تھا۔ وہ ہوا کے ایک ہی جھونکے میں زمین بوس ہو گیا۔ پرندے گرے ہوئے درختوں پر بسیرا نہیں کرتے وہ سب پھڑ پھڑا کر ایک سمت بھاگے۔ اس بھاگ دوڑ کے بعد پتہ چلا نہ اینٹوں کی بھٹی ہے نہ ریت ہے نہ سمنٹ کے بورے نہ ٹرکس ہیں اور نہ مزدور نہ چٹیل میدان تھا۔ جہاں بیروزگاری کا بھوت منہ کھولے کھڑا

تھا۔ دوبارہ ٹھیکے داری کا سوال ہی نہ تھا۔ تینوں سمتوں میں اندھیرا ہی تھا۔ ہمیں بھی اسی سمت ڈھکیل دیا گیا۔ میں سوچتا ہوں مجھے تھوڑا وقت اور مل جاتا تو یہاں کبھی نہ آتا۔ دیکھو تم تو اپنی زمین سے جڑے ہوئے ہونا۔ ہجرت کا کرب تو نہیں سہا۔ ہجرت وہی اچھی لگتی ہے جب فاتح دبے پاؤں اپنی زمینوں پر واپس آجائیں۔ " میں چپ رہا۔ ہم نے تو اپنے شہروں میں ہجرت کا کرب سہہ لیا۔ وہ تہذیب سمٹ کر چند محلوں میں رہ گئی۔ فصیل بند شہر کے دروازوں اور دیواروں کو توڑ کر شہر دور دور تک پھیل گیا۔ سرخ مٹی کو سیاہ مٹی سے جدا کر دیا گیا۔ غذائیں بدل گئیں۔ لباس بدل گئے۔ سڑکوں اور گلیوں کے اجنبی نام رکھ دیئے گئے۔ وہ جھیل جو کسی بزرگ کے نام سے موسوم ہے وہاں ایک بت نصب کر دیا گیا۔ وہاں مورتیاں ڈبوئی جاتی ہیں۔ وہ پہاڑ جہاں نوبت بجائی جاتی تھی وہاں مندر کی گھنٹیاں بجتی ہیں۔ لوگوں کا ایک ریلا یہاں آکر بس گیا۔ انہوں نے اپنی اپنی بستیاں اس شان سے بسا لیں کہ ہم سمٹ کر گندہ بستیوں میں آگئے ہیں۔ شہر کا بدنما حصہ جسے کوئی نہیں پوچھتا۔ نئی نئی عمارتیں زمین کے سینے میں پیوست کی جارہی ہیں۔ اب شہر کی انفرادیت باقی نہیں رہی۔ دوسرے شہروں جیسا ہو گیا۔ سڑکیں دیوار اور صحنوں میں اتر آئی ہیں۔ شہر خوبصورت ہو گیا ہے۔ لیکن عام شہروں جیسا ہو گیا ہے سمنٹ کا جنگل۔ شاہ کا نام بعض عمارتوں نے باقی رکھا ہے۔ اور بس۔ اب فسادات کم ہوتے ہیں۔ لیکن ہمیں خوف و ہراس اوراحساس کم تری میں مبتلا کر دیا گیا ہے۔ ساری قوم کی پیشانی پر دہشت گردی کا نشان داغ دیا گیا ہے۔ تمہاری زمین کا سایہ ہمارے سروں پر منڈلاتا رہتا ہے۔ لیکن میں نے کچھ نہیں کہا۔ " ہاں ہمیں تحریر و تقریر کی آزادی ہے۔ لاؤڈ اسپیکر پر اذانیں بھی گونجتی ہیں۔ " میں نے کہا۔ " یہاں گولیاں بہت چلتی ہیں۔ جن تیس ہزار لاشوں کو ہم نے ایک بڑا حادثہ سمجھا تھا وہ کچھ بھی نہیں ہے۔ یہاں تو لاشوں کا ایک لامتناہی سلسلہ

ہے۔نوجوان آسائیشوں کی تلاش میں دور دور تک چلے گئے ہیں۔ سینکڑوں میل دور بیٹھے وہ اپنے وطن میں موجود ماں باپ کی سلامتی کی دعائیں مانگتے ہیں۔ عورتیں کچھ تو اپنے شوہروں کے پاس چلی گئیں اور جو یہاں رہ گئیں وہ رات رات بھر ٹی وی کے سامنے بیٹھتی ہیں اور صبح دیر سے جاگتی ہیں۔ مرغن غذائیں کھا کھا کر موٹی ہوتی جارہی ہیں۔ پھر جم(Jim) چلی جاتی ہیں۔ پتہ نہیں یہ سب کیا ہورہا ہے"۔ بہنوائی نے کہا۔ میرے پاس اس کا کوئی جواب نہیں تھا۔

(بیگ احساس" افسانہ درد کے خیمے "مشمولہ ڈگری اردو نصاب گری راج کالج نظام آباد)

افسانے کے اس طویل اقتباس میں بیگ احساس نے ریاست حیدرآباد کی ساری تاریخ اور تہذیب رقم کردی۔ اپنی ڈاک اپنی ریل 'ہائی جہاز اور ریڈیو یہ سب نظام حکومت کی ترقی تھی۔ پھر آپریشن پولو کے نام پر جس طرح حکومت ہند نے حکومت حیدرآباد پر حملہ کردیااور اس مملکت خداداد کے تحفظ کے لیے کس طرح رضاکاروں نے نظام حیدرآباد کے لیے قربانیاں دیں یہ سب اس اقتباس میں اشاروں میں بیان کیا گیا۔ ریاست حیدرآباد کے زوال اور ملک میں انضمام کے بعد کس طرح یہاں کے مسلمان معاشی طور پر فکر مند تھے ان سب باتوں کو اشاروں میں بیان کیا گیا۔

اس افسانے کی خاص بات اس کا دلچسپ انجام ہے کہ بھائی اپنی بہن کے انتقال کے بعد کراچی جاتا ہے جب واپسی پر وہ ایک مرتبہ پھر بہن کی قبر پر فاتحہ پڑھنے جاتا ہے اور پلین میں بیٹھ کر واپس حیدرآباد آجاتا ہے تو افسانہ کیسے دلچسپ موڑلیتا ہے ملاحظہ کریں:

" ویزا ختم ہوگیا۔ میں نے توسیع نہیں لی۔ میرا وجود بہنوائی کو حکومت کی آنکھوں میں مشتبہ بناسکتا ہے۔ میں نے یہی محسوس کیا۔ فضا صاف نہیں تھی۔ جانے کا وقت آگیا۔

اس بار بچے بھی لپٹ کر روئے۔ بہنوائی نے وعدہ کیا کہ مرنے سے قبل وہ ایک بار سارے بچوں کے ساتھ آئیں گے۔ تمام رشتہ داروں سے ملوائیں گے۔ ایر پورٹ جاتے ہوئے قبرستان پر پھر کار رکی۔ ہم بہن کی قبر کے پاس پہونچے۔ بہنوائی نے کہا۔" دیکھو تمہارا بھائی جارہاہے۔" ان کی آنکھوں سے آنسو بہہ رہے تھے۔ میں بھر قبر سے لپٹ گیا۔ پلین اپنی رفتار سے چل رہاتھا۔ لیکن میں اب بھی وہیں تھا۔ میرے وجود میں قبر کی خوش بو بس گئی تھی۔ پتہ نہیں کب ملاقات ہو۔ خوبصورت شہر کی مخصوص بساند نے احساس دلایا کہ میں اپنی زمین پر واپس آگیاہوں۔ ایر پورٹ سے ہوٹل آیا۔ بہنوائی کو فون لگایا کہ بخیر وہ خوبی پہونچنے کی اطلاع دوں۔ بہنوائی نے فون اٹھایا۔ میں نے پہونچنے کی اطلاع دی۔ انہوں نے بھرائی ہوئی آواز میں کہا" ایر پورٹ سے واپسی پر ہم پھر قبرستان گئے۔ دل بھر آیاتھا۔ تمہاری بہن کی قبر سے لپٹ کر رونا چاہتا تھا۔ لیکن سنو! تم سن رہے ہونا؟ تمہاری بہن کی قبر کا کہیں پتہ نہیں چلا۔ ہم نے قبرستان کا چپہ چپہ چھان مارا۔ تمہاری بہن کی قبر کہیں نہیں!"

(بیگ احساس" افسانہ درد کے خیمے "مشمولہ ڈگری اردو نصاب گری راج کالج نظام آباد)

بھائی کے جانے کے بعد کراچی میں قبر کے نشان مٹ جانا اور یہ سوچنا کہ قبر کی مٹی بھی بھائی کے ساتھ اپنے وطن حیدرآباد چلی گئی یہ فسانوی انداز بیان ہے اور شدید جذبات کا اظہار ہے۔ اردو افسانوں میں اس طرح کی ٹکنیک بھی استعمال کی گئی کہ خیالی طور پر انسان کہیں یہاں موجود تو کہیں اور جگہ موجود۔ وطن کی محبت میں کئی دہائیوں تک انتظار کرنے اور حالات کے سبب وطن کا سفر نہ کرنے والی بہن قبر میں جانے کے بعد بھی اپنی مٹی کو نہیں بھولتی اور جب بھائی قبر پر آتا ہے تو قبر کی مٹی اس کے ساتھ اپنے وطن چلی

جاتی ہے۔ بیگ احساس نے اس افسانے کے ساتھ یہ تاثر دیا ہے کہ انسان کو کیسے اپنے وطن کی مٹی اور اس کی ہر بات سے پیار ہوتا ہے کہ جیتے جی وطن تک سفر نہ کر پائے تو مرنے کے بعد خیالی طور پر ہی سہی ہم کہیں جاسکتے ہیں۔ اس طرح افسانہ "درد کے خیمے" اپنے انجام کو پہونچتا ہے۔ اس افسانے میں بیگ احساس نے اس کرب کو بھی واضح کیا کہ جو نسل یہاں سے ہجرت کر گئی تھی اسے تو اپنا وطن یاد آتا ہے لیکن وہاں جو نئی نسل تیار ہوئی ہے اسے اپنا وطن ہی عزیز ہے اور وہاں کی نشانیاں ہی عزیز ہیں۔ حیدرآبادی بول چال اور پڑوسی ملک کی تہذیب کو بیگ احساس نے فنکاری سے پیش کیا ہے۔ مجموعی طور پر افسانہ "درد کے خیمے" ایک جذباتی افسانہ ہے جو تقسیم ہند کے بعد ہجرت کے کرب کو فنکاری سے پیش کیا ہے۔ افسانے میں کرداروں کا انتخاب ان کی بول چال اور افسانے کا سارا ماحول فطری لگتا ہے اور افسانہ اپنے وقت کی ایک کڑوی حقیقت ہے اور یہی ایک سچے فنکار کی نشانی ہے کہ وہ اپنے عہد سے کوئی واقعے کا انتخاب کرتا ہے اور اسے افسانے میں ڈھالتا ہے۔ اس طرح ہم دیکھتے ہیں کہ بیگ احساس نے بہت کم افسانے لکھے ہیں لیکن جتنے بھی افسانے لکھے ان میں اپنے فن کو اچھی طرح نکھارا ہے یہی ایک اچھے افسانہ نگار کی پہچان ہے۔

٭٭٭

پروفیسر ڈاکٹر بیگ احساس کے افسانے "دخمہ" پر ایک نظر

ڈاکٹر غلام شبیر رانا

پارسیوں کے ایک شہر سے متعلق دخمہ (پارسیوں کا قبرستان) ایک المیہ افسانہ ہے جس کا آغاز ہی اس کے مرکزی کردار ایک پارسی شخص "سہراب" کی اچانک موت سے ہوتا ہے۔ اس افسانے میں بے ساختہ انداز میں سامنے آنے والی تکنیک کا تنوع قاری کو حیرت زدہ کر دیتا ہے۔ افسانہ نگار نے قوت حافظہ، جذبات و احساسات اور فکر و خیال کی وادی میں گھوم کر جو مواد سمیٹا ہے اس سے یہ تاثر ملتا ہے کہ اس شہر سے مصنف کے ماضی کی متعدد یادیں وابستہ ہیں۔ ایام گزشتہ کی کتاب کی ورق گردانی کرتے ہوئے افسانہ نگار نے اس شہر سے وابستہ یادوں کو افسانے میں سمو دیا ہے۔ افسانہ نگار نے تجسس کی فضا برقرار رکھتے ہوئے اِن یادوں کی مشعل تھام کر سفاک ظلمتوں میں روشنی کا سفر جاری رکھتے ہوئے کہانی کو ایک نیا موڑ دیا ہے جس میں اپنی مرحومہ بہن، مرحوم بہنوئی اور اپنی کا ذکر کیا ہے جو اسی شہر ناپرساں میں رہتے تھے۔ افسانہ نگار کی بھانجی بھی اپنے شوہر کے ساتھ اسی شہر میں مقیم تھی۔ سہراب ایک قحبہ خانے کا مالک تھا جسے گردشِ ایام نے مکمل انہدام کے قریب پہنچا دیا۔ مے کدہ میں آنے والے سب لوگ سہراب کی مہمان نوازی اور اس کی خوش اخلاقی کے معترف تھے۔ افسانے "دخمہ" میں شعور کی رو کو روبہ عمل لاتے ہوئے جذبات، احساسات، گردشِ ایام اور میزانِ صبح و شام کے ساتھ جو تجربہ کیا گیا

ہے اس کا کرشمہ دامنِ دِل کھینچتا ہے۔ اپنے اس مقبول افسانے میں پروفیسر ڈاکٹر بیگ احساس نے ایام گزشتہ کی کتاب کی ورق گردانی کی ہے وہاں لمحۂ موجود کے حالات کو بھی پیش نظر رکھا ہے۔ اس کے ساتھ ساتھ قاری کو آنے والے دور کی دُھندلی سے تصویر بھی دکھائی ہے۔، اس افسانے میں بلا واسطہ دروں بینی کے مظہر تکلم کے سلسلے، بالواسطہ قلبی کیفیات کا اظہار، افسانہ نگار کی وسعت نظر اور اپنے قلب کے ساتھ پیہم جاری رہنے والے افکارِ تازہ کے مظہر معاملات قاری کو جہانِ تازہ میں پہنچا دیتے ہیں۔ افسانے میں بات کو آگے بڑھانے کے لیے افسانہ نگار نے آزاد تلازم کا بر محل استعمال کیا ہے۔ اپنی فنی مہارت سے افسانہ نگار نے نہ صرف شعور کی ہر احتیاج کو ملحوظ رکھا ہے بل کہ آزاد تلازم کے وسیلے سے اِسے رنگ، خوشبو اور حُسن وخوبی کے تمام استعاروں کا مخزن بنا دیا ہے۔

افسانہ نگار نے واحد متکلم کے صیغے میں چٹان پر تعمیر کیے گئے اپنی بہن کے خوب صورت گھر، کچھ فاصلے پر مسجد، اس سے آگے گرجا، اس سے آگے ڈرامہ تھیٹر کی عمارت، انگریزوں کی ریزیڈنسی، مجرد گاہ اور شہر سے کچھ دُور شہر کے رئیس راجا صاحب کی بہت بڑی حویلی کے قریب سہراب کا "مے کدہ" جیسے مقامات کی اس مہارت سے لفظی مرقع نگاری کی ہے کہ قاری چشمِ تصور سے وہ تمام مقامات دیکھ لیتا ہے جن کی جانب اشارہ کیا گیا ہے۔ دخمہ کے بارے میں ایک کردار چاچا نے نو عمر بچوں کو گول عمارت "دخمہ" کے بارے میں بتایا:

"یہ "دخمہ" اِس کی چھت درمیان سے اُونچی ہوتی ہے اور چھت پر تین دائرے بنے ہیں۔ مرد کی نعش بیرونی دائرے میں، عورت کی درمیانی دائرے میں اور بچوں کی نعش اندرونی دائرے میں رکھی جاتی ہے تاکہ ان پر تیز دھُوپ پڑے اور گِدھوں کو دُور سے نظر آجائے۔"

اس افسانے میں "چاچا" ایک جہاں دیدہ کردار ہے جو ہر اُلجھن کو سُلجھا دیتا ہے پُر اسرار کتے کے بارے میں چاچا نے بتایا:

"اِسے "سگ دِید" کہتے ہیں۔ چار آنکھوں والا کتا۔۔۔اِس کی چار آنکھیں نہیں ہیں لیکن آنکھوں پر ایسے نشان ہیں جس سے اس کی چار آنکھیں نظر آتی ہیں۔ یہ "سگ دید" ہی آدمی کے نیک و بد ہونے کا فیصلہ کرتا ہے۔"

چاچا جانتا ہے کہ یہ بچے معاملے کی تہہ تک نہیں پہنچ سکتے۔ معاشرتی زندگی میں انسان شناسی ایک کٹھن مرحلہ ہے اس کے لیے بہت تپسیا درکار ہے۔ کم عمر بچے بہ ظاہر چار آنکھوں والے ایک عجیب الخلقت کتے "سگ دِید" کے بارے میں یہ جان کر حیرت زدہ رہ جاتے ہیں کہ ایک پُر اسرار کتا کسی آدمی کے نیک یا بد ہونے کے بارے میں فیصلہ کرنے کی صلاحیت کیسے رکھتا ہے۔ نو خیز بچوں کے سوال سُن کر چاچا کا جواب حقائق کا آئینہ دار ہے:

"جب بڑے ہو جاؤ گے تو خود ہی پتا چل جائے گا۔"

سہراب کا مے کدہ بند ہو جانے کے بعد اُس کو جان کے لالے پڑ گئے مگر شہر نا پرساں میں کسی نے اُس کے دِل شکستہ اور چشم تر کی جانب توجہ نہ دی۔ اس کے بعد وہی ہوا جس کی توقع تھی ایک دن چپکے سے سہراب زینۂ ہستی سے اُتر گیا۔

موت کے بارے میں یہی کہا جاتا ہے کہ یہ ہمیشہ زندگی کے تعاقب میں رہتی ہے۔ مے کدہ بند ہو جانے کے بعد سہراب نے اپنی موت کی آہٹ سُن کر بھی زندگی کی حقیقی معنویت کو اُجاگر کرنے کی مقدور بھر سعی کی۔ پروفیسر ڈاکٹر بیگ احساس نے تخلیق فن کے لمحوں میں خون بن کر رگِ سنگ میں اُتر جانے کی تمنا میں سہراب جیسے الم نصیب جگر فگار انسانوں کے رنج و کرب کی جو تصویر پیش کی ہے وہ قاری کو خون کے آنسو رُلاتی ہے۔

پروفیسر ڈاکٹر بیگ احساس نے خونِ دِل دے کے گلشن ادب کو اس طرح سیر اب کیا کہ اس کے معجز نما اثر سے گلشن ادب میں گل ہائے رنگ رنگ سے سماں بندھ گیا اور ان کی عطر بیزی سے قریۂ جاں معطر ہو گیا۔ پروفیسر ڈاکٹر بیگ احساس اس تلخ حقیقت سے آگاہ تھے کہ مشعلِ زیست کے گُل ہونے کے خطرات کو کسی طور بھی ٹالا نہیں جا سکتا لیکن خوف اور اندیشوں کے سم کے مسموم اثرات سے گلو خلاصی ممکن ہے۔ اللہ کریم نے پروفیسر ڈاکٹر بیگ احساس کو مستحکم شخصیت سے نوازا تھا اس کا واضح ثبوت یہ ہے کہ زندگی کے سفر میں جب بھی کوئی موہوم ڈر یا اضطراب سد راہ بنتا تو وہ اپنے پاؤں کی ٹھوکر سے اسے دُور کر دیتے اور کبھی دِل میں ملال نہ آنے دیتے۔ پروفیسر ڈاکٹر بیگ احساس نے موت کو کبھی دل دہلا دینے والا لرزہ خیز سانحہ نہیں سمجھا بل کہ وہ جانتے تھے کہ رخشِ حیات مسلسل رو میں ہے، انسان کا نہ تو ہاتھ اس کی باگ پر ہے اور نہ ہی پاؤں رکاب میں ہیں۔ کسی بھی وقت اور کسی بھی مقام پر اس کی روانی تھم سکتی ہے۔ پروفیسر ڈاکٹر بیگ احساس کی تخلیقات کے اسلوبیاتی مطالعہ سے یہ معلوم ہوتا ہے کہ وہ یہ واضح کرنا چاہتے تھے کہ ماحول کی سفاکی کے باعث جب آہیں اور دعائیں اپنی تاثیر سے محروم ہو جائیں جائیں تو زندگیاں بھی مختصر ہو جاتی ہیں۔ گلزارِ ہست و بُود میں سمے کے سم کے ثمر سے ایسی فضا پیدا ہو جاتی ہے کہ نرگس کی حسرت کی صدائے بازگشت کرگس کی کریہہ صورت میں دکھائی دیتی ہے اور بقا کی تمنا اپنی ہر ادا سے فنا کے سیکڑوں مناظر سے آشنا کرتی ہے۔ خزاں کے اس نوعیت کے بے شمار تکلیف دہ مناظر کو دیکھنے کے بعد طلوعِ صبحِ بہاراں کی اُمید وہم و گُماں اور سراب سی لگتی ہے۔ پروفیسر ڈاکٹر بیگ احساس کی تخلیقات میں نُدرت، تنوع اور جدت پر مبنی خیال آفرینی قاری کو حیرت زدہ کر دیتی ہے۔ کورانہ تقلید سے اُنھیں سخت نفرت تھی اس لیے وہ خضر کا سودا چھوڑ کر اظہار و ابلاغ کی نئی راہیں تلاش

کرنے میں ہمیشہ انہماک کا مظاہر کرتے تھے۔ پروفیسر ڈاکٹر بیگ احساس کی تخلیقی تحریریں کلیشے کی آلودگی سے پاک ہیں۔ اُن کے دل کش، حسین اور منفرد اسلوب میں ہر لحظہ نیا طُور نئی برق تجلی کی کیفیت یہ ظاہر کرتی ہے کہ تخلیق فن میں اُن کا مرحلۂ شوق پیہم نئی منازل کی جانب رواں دواں رہتا ہے۔ مثال کے طور وہ تاریخ کے پیہم رواں عمل، معاشرتی زندگی کے نشیب و فراز، تہذیب و ثقافت کی کیفیات، پر نئی تراکیب اور الفاظ کے بر محل استعمال سے اپنی تخلیقات کو گنجینۂ معانی کا طلسم بنا دیتے ہیں، بھنور کے بھید، خیال کی جوت، جھرنے کا ساز، کوئل کی کوک، گیت کی لے، وقت کی نے اور خوابوں کے سرابوں جیسا تصور زندگی کی کم مائے گی کا احساس قاری پر فکر و خیال کے متعدد نئے در وا کرتے چلے جاتے ہیں۔ انھیں اچھی طرح معلوم تھا کہ موت کی دیمک ہر فانی انسان کے تن کو چاٹ لیتی ہے۔ وہ چشمِ تصور سے زندگی کی راہوں میں ناچتی، مسکراتی اور ہنستی گاتی موت کی اعصاب شکن صدا سُن کر بھی دِل برداشتہ نہیں ہوتے بل کہ نہایت جرأت کے ساتھ اپنی تخلیقات کو تزکیۂ نفس کا وسیلہ بنانے پر توجہ مرکوز رکھتے تھے۔ حرفِ صداقت سے لبریز پروفیسر ڈاکٹر بیگ احساس کی تخلیقات اُن کے داخلی کرب اور سچے جذبات کی مظہر ہیں۔ موت کی دستک سُن کر وہ موت کے بارے میں جن چشم کشا صداقتوں کا اظہار کرتے ہیں وہ زندگی کی حقیقی معنویت کو سمجھنے میں بے حد معاون ہیں۔ ان کے افسانوں کے مطالعہ کے بعد قاری کے لیے اپنے آنسو ضبط کرنا محال ہو جاتا ہے۔ اس حساس تخلیق کار کی دلی کیفیات کا اندازہ لگانا مشکل نہیں جو موت کی دستک زنی کے دوران بھی اپنے قلبی احساسات کو پیرایۂ اظہار عطا کرنے میں پیہم مصروف رہا۔

سال ۱۹۰۴ء میں قائم ہونے والے سہراب کے مے کدہ میں شاعر اور ادیب اکٹھے ہوتے اور یہاں بیٹھ کر معاشرتی زندگی کے مسائل اور نئی تخلیقات پر اظہار خیال کرتے

تھے۔ پروفیسر ڈاکٹر بیگ احساس نے اس افسانے میں پارسی ڈشوں کا بھی ذکر کیا ہے۔ دستر خوانوں پر سجائے جانے والے مختلف طعام کسی قوم یا علاقے کی قدیم تاریخ اور تہذیب کے بارے میں مثبت شعور وآگہی پیدا کرنے کا سب سے موثر وسیلہ ہیں۔ پروفیسر ڈاکٹر بیگ احساس کو اس بات کا قلق ہے کہ پس نو آبادیاتی دور میں قدیم عمارات اپنی شناخت سے محروم ہو گئیں۔ اس افسانے میں انھوں نے کھیتوں اور کھلیانوں سے سر اُٹھاتی کچی آبادیوں کو پورے علاقے کی تہذیبی اور ثقافتی پہچان کے لیے نقصان دہ قرار دیا ہے۔ پس نو آبادیاتی دور میں حیدر آباد کے وسیع علاقے میں حالات نے جو رُخ اختیار کیا افسانہ نگار نے اس کی صحیح تصویر کشی کی ہے۔ پس نو آبادیاتی دور میں حیدر آباد دکن میں سیاسی رسہ کشی کے نتیجے میں جو عدم استحکام پیدا ہوا اس کے بارے میں پروفیسر ڈاکٹر بیگ احساس نے سچ کہا ہے:

"پولس ایکشن نے مسلمانوں کو حواس باختہ کر دیا تھا۔ مذہب کے نام پر ملک کی تقسیم سے پوری قوم سنبھلی بھی نہ تھی کہ زبان کی بنیاد پر نئی حد بندیاں کی گئیں۔ ریاست کے تین ٹکڑے کر دیئے گئے۔ برسوں گزر جانے کے بعد بھی یہ ٹکڑے ان کا حصہ نہ بن سکے۔ اپنی مستحکم تہذیب کی بنیاد پر ریاست کے یہ حصے ٹاٹ میں مخمل کے پیوند لگتے تھے۔ مذہب کے نام پر تقسیم کو عوام نے قبول نہیں کیا تو زبان کے نام پر ریاستوں کی نئی حد بندیوں کو بھی ایک ہی زبان بولنے والوں نے قبول نہیں کیا۔ دو مختلف کلچر!! جس شہر کی تاریخ نہیں ہوتی اُس کی تہذیب بھی نہیں ہوتی۔ نئے آنے والوں کی کوئی تاریخ تھی نہ تہذیب۔ ایک مستحکم حکومت کا سیاسی دارالخلافہ سیاسی جبر کی وجہ سے اُن کے ہاتھ آگیا۔ وہ پاگلوں کی طرح خالی زمینوں پر آباد ہو گئے۔"

اس افسانے میں ادیبوں کے مسائل کا ذکر قاری کو پس نو آبادیاتی دور کی کٹھن

زندگی سے روشناس کرتا ہے۔ سہراب کا مے کدہ دراصل ادیبوں کے مِل بیٹھنے کی ایسی جگہ تھی جہاں وہ ایک گونہ بے خودی کی جستجو میں مے سے لطف اندوز ہوتے تھے۔ شہر کے ادیبوں کے مل بیٹھنے کا واحد مرکز "مے کدہ" بند ہوا تو شہر کے ادیب بھی منتشر ہو گئے۔ سیل زماں کے تھپیڑے سب کچھ بہالے گئے اور کسی کو بھی یہاں کے مکینوں کا اتا پتا معلوم نہ تھا۔ بے حس معاشرے نے قوم کی دیدۂ بینا کو حالات کی سنگینی دیکھنے سے روک دیا تھا۔ تیامت، ابزو اور عوج بن عنق قماش کے لوگوں کی سادیت پسندی کے باعث بے بس انسانوں پر کوہِ ستم ٹوٹا اس کے نتیجے میں ہر طرف بے حسی کا عفریت منڈلا رہا تھا۔ سہراب کے "مے کدہ" کے بند ہونے کے بعد کی دردناک کہانی کے بارے میں پروفیسر ڈاکٹر بیگ احساس نے لکھا ہے:

"ہمارے دور کو انتشار کا عہد مان لیا گیا تھا، فرد کو مشین قرار دیا گیا تھا اور تنہائی کو ہمارا مقدر!! یہ تسلیم کر لیا گیا تھا کہ تاریخی، تہذیبی، قومی، معاشرتی، جذباتی و ذہنی ہم آہنگی کی ساری روایتیں منہدم ہو چکی ہیں۔ پورا ادب درونِ ذات کے کرب میں مبتلا تھا۔"

پس نو آبادیاتی دور میں حیدر آباد میں تہذیبی و ثقافتی سطح پر شکست و ریخت کا جو سلسلہ شروع ہوا افسانہ "دخمہ" میں اِس سانحہ پر دِلی رنج و کرب کا اظہار کیا گیا ہے۔ سیلِ زماں کی زد میں آنے کے بعد بھی یہاں کے زعمائس سے مس نہ ہوئے۔ دیکھتے ہی دیکھتے ہر چیز بدل گئی اور بے حس دنیا دیکھتی کی دیکھتی رہ گئی۔ حیدر آباد کے مکینوں نے نسل در نسل اذہان کی تطہیر و تنویر اور محاسن اخلاق کی تقطیر سے کردار، تصورات اور تعلقات کو اس قدر وسعت اور تنوع سے آشنا کیا کہ یہاں کے باشندے تہذیبی ترفع کے ہمالہ کی بلند ترین چوٹی تک جا پہنچے۔ وہ خطہ جو حریت فکر و عمل کے اعجاز سے صدیوں تک تہذیبی و ثقافتی اقدار کا مرکز رہا پس نو آبادیاتی دور میں وہاں سیاسی انتشار اور افراتفری نے زندگی

کی درخشاں روایات کو ناقابلِ تلافی نقصان پہنچایا۔ جہد و عمل اور صبر و استقامت سے مزین پروفیسر ڈاکٹر بیگ احساس کا اسلوب فروغِ علم و ادب اور معاشرتی اصلاح کا موثر ترین وسیلہ ثابت ہوا ہے۔ ایک باکمال افسانہ نگار کی حیثیت سے افسانے "دخمہ" میں پروفیسر ڈاکٹر بیگ احساس نے تہذیبی و ثقافتی انہدام کو روکنے پر اپنی توجہ مرکوز رکھی ہے۔ انھیں اس بات پر تشویش ہے کہ تہذیبی انحطاط کا یہ مسموم ماحول کہیں اس خطے میں موجود نسل انسانی کی کشت جاں کو ویران اور اُمیدوں کی فصل کو غارت نہ کر دے۔ سہراب جیسے بے بس لوگوں کے الم ناک حالات پر توجہ نہ دے کر اس شہر ناپرساں کے باشندوں نے تہذیبی سطح پر اپنے مفلس و قلاش ہونے کا ثبوت دیا ہے۔ اس افسانے کا سب سے بڑا المیہ یہ ہے کہ سہراب کا مے کدہ تو بند ہو گیا مگر اس شہر ناپرساں کے باشندے سہراب کو وہ عزت و احترام دینے سے بھی قاصر رہے جس کا وہ مستحق تھا۔ پروفیسر ڈاکٹر بیگ احساس نے اپنے اس افسانے میں کارواں کے دِل سے احساسِ زیاں کے عنقا ہونے پر اپنے رنج و غم کا اظہار کرتے ہوئے لکھا ہے:

"چند برسوں میں سب کچھ بدل گیا، جو تہذیب کے نمائندے تھے جو تہذیب کو بچا سکتے تھے ان میں سے کچھ اپنی زمینوں کو چھوڑ کر سرحد کے اُس پار جا بسے اور کچھ مغربی ممالک میں آباد ہو گئے۔ ولی عہد نے ایک مغربی ملک کو اپنا مسکن بنا لیا۔ رعایا کی محبت کا یہ حال تھا کہ جب بھی وہ اس شہر کو آتے تو اس طرح خوشی سے پاگل ہونے لگتے جیسے کوئی فاتح اپنی سلطنت کو لوٹا ہو۔ نہ شاہی خاندان کے افراد کو تہذیب کی فکر تھی۔ نہ امرا کو نہ عوام کو۔"

سہراب کی الم ناک موت اور دخمہ کی چھت پر اُس کی نعش پر بڑی تعداد میں جب غول در غول گِدھ پہنچے تو یہ لرزہ خیز اور اعصاب شکن منظر دیکھ کر قاری کی آنکھیں نم ہو

جاتی ہیں۔ سہراب نے شادی نہیں کی تھی اس لیے وہ اجنبی اور بے نشاں بن کر رہ گیا تھا۔ میرا خیال ہے کہ ایسے مظلوم انسان کی موت یاس و ہراس کے سوا کچھ نہیں جو محض ایک آغاز کے انجام کا اعلان ہے کہ اب حشر تک کا دائمی سکوت ہی خالق کائنات کا فرمان ہے۔ پروفیسر ڈاکٹر بیگ احساس نے واضح کیا ہے کہ عزیز ہستیوں کی رحلت سے ان کے اجسام آنکھوں سے اوجھل ہو جاتے ہیں اور یہ عنبر فشاں پھول شہر خموشاں میں تہہ خاک نہاں ہو جاتے ہیں۔ ان کی روح عالم بالا میں پہنچ جاتی ہے اس کے بعد فضاؤں میں ہر سُو ان کی یادیں بکھر جاتی ہیں اور قلوب میں اُن کی محبت مستقل طور پر قیام پذیر ہو جاتی ہے۔ ذہن و ذکاوت میں ان کی سوچیں ڈیرہ ڈال دیتی ہیں۔ الم نصیب پس ماندگان کے لیے موت کے جان لیوا صدمات برداشت کرنا بہت کٹھن اور صبر آزما مرحلہ ہے۔ ایسا محسوس ہوتا ہے کہ فرشتۂ اجل نے ہمارے جسم کا ایک حصہ کاٹ کر الگ کر دیا ہے اور ہم اس حصے کے بغیر سانس گِن گِن کر زندگی کے دِن پُورے کرنے پر مجبور ہیں۔ اپنے رفتگان کا الوداعی دیدار کرتے وقت ہماری چیخ پکار اور آہ و فغاں اُن کے لیے نہیں بل کہ اپنی حسرت ناک بے بسی، اذیت ناک محرومی اور عبرت ناک احساس زیاں کے باعث ہوتی ہے۔ غم بھی ایک متلاطم بحرِ زخار کے مانند ہے جس کے مدوجزر میں الم نصیب انسانوں کی کشتیِ جاں سدا ہچکولے کھاتی رہتی ہے۔ غم و آلام کے اس مہیب طوفان کی منہ زور لہریں سوگوار پس ماندگان کی راحت و مسرت کو خس و خاشاک کے مانند بہالے جاتی ہیں۔ روح، ذہن اور قلب کی اتھاہ گہرائیوں میں سما جانے والے غم کا یہ جوار بھاٹا حد درجہ لرزہ خیز اور اعصاب شکن ثابت ہوتا ہے۔ کبھی غم کے اس طوفان کی لہروں میں سکوت ہوتا ہے تو کبھی مصائب و آلام کی یہ بلاخیز موجیں جب حد سے گزر جاتی ہیں تو صبر و تحمل اور ہوش و خرد کو غرقاب کر دیتی ہیں۔ غیر مختتم محرومی، یاس و ہراس، ابتلا و آزمائش اور روحانی

کرب و ذہنی اذیت کے اِن تباہ کن شب و روز میں دِل گرفتہ پس ماندگان کے پاس اِس کے سوا کوئی چارۂ کار نہیں کہ وہ باقی عمر مصائب و آلام کی آگ سے دہکتے اس متلاطم سمندر کو تیر کر عبور کرنے اور موہوم کنارۂ عافیت پر پہنچنے کے لیے ہاتھ پاؤں مارتے رہیں۔ پروفیسر ڈاکٹر بیگ احساس نے اپنی تخلیقات میں قاری کو اس جانب متوجہ کیا ہے کہ بعض اوقات ہمارے عزیز رفتگاں ہماری بے قراری، بے چینی اور اضطراب کو دیکھ کر عالم خواب میں ہماری ڈھارس بندھاتے ہیں کہ اب دوبارہ ملاقات یقیناً ہو گی مگر حشر تلک انتظار کرنا ہو گا۔ سینۂ وقت سے پھُوٹنے والی موجِ حوادث نرم و نازک، کومل اور عطر بیز غنچوں کو اس طرح سفاکی سے پیوندِ خاک کر دیتی ہے جس طرح گرد آلود آندھی کے تند و تیز بگولے پھول پر بیٹھی سہمی ہوئی نحیف و ناتواں تتلی کو زمین پر پٹخ دیتے ہیں۔ پیہم حادثات کے بعد فضا میں شب و روز ایسے نوحے سنائی دیتے ہیں جو سُننے والوں کے قلبِ حزیں کو مکمل انہدام کے قریب پہنچا دیتے ہیں۔ کہکشاں پر چاند ستاروں کے ایاغ دیکھ کر دائمی مفارقت دینے والوں کی یاد سُلگ اُٹھتی ہے۔ تقدیر کے ہاتھوں آرزوؤں کے شگفتہ سمن زار جب وقفِ خزاں ہو جاتے ہیں تو رنگ، خوشبو، رُوپ، چھب اور حُسن و خُوبی سے وابستہ تمام حقائق پلک جھپکتے میں خیال و خواب بن جاتے ہیں۔ روح کے قرطاس پر دائمی مفارقت دینے والوں کی یادوں کے انمٹ نقوش اور گہرے ہونے لگتے ہیں۔ ان حالات میں قصرِ دِل کے شکستہ دروازے پر لگا مشیت ایزدی اور صبر و رضا کا قفل بھی کھُل جاتا ہے۔ سیلابِ گریہ کی تباہ کاریوں، من کے روگ، جذبات حزیں کے سوگ اور خانہ بربادیوں کی کیفیات روزنِ اِدراک سے اس طرح سامنے آتی ہیں کہ دِل دہل جاتا ہے۔ سیل زماں کے مہیب تھپیڑے اُمیدوں کے سب تاج محل خس و خاشاک کے مانند بہالے جاتے ہیں۔ جنھیں ہم دیکھ کر جیتے تھے ان سے وابستہ یادیں اور فریادیں ابلقِ ایام کے

سموں کی گرد میں اوجھل ہو جاتی ہیں۔ دائمی مفارقت دینے والوں کی زندگی کے واقعات تاریخ کے طوماروں میں دب جاتے ہیں۔ جب ہم راہِ عدم پر چل نکلنے والے اپنے عزیزوں کا نام لیتے ہیں تو ہماری چشم بھر آتی ہے۔ ہجومِ غم میں گھرے ہم اپنا دل تھام لیتے ہیں اور سوچتے ہیں اس طرح جینے کے لیے جگر کہاں سے لائیں؟

اس افسانے کا کردار سہراب حالات کے مہیب پاٹوں میں پِس گیا اور ایک شام دم توڑ گیا۔

پارسی رسوم کے مطابق سہراب کی نعش "دخمہ" پر منتقل کر دی گئی۔ فضا میں بڑی تعداد میں گِدھ منڈلانے لگے۔ یہ خوف ناک منظر دیکھ کر بچوں نے چاچا سے پُوچھا:

"اور چاچا یہ گدھ کہاں سے آجاتے ہیں؟"

چاچا نے جب یہ سوال سُنا تو بچوں سے یہ سوال پُوچھا:

"اگر فرش پر چینی گر جائے تو چیونٹیاں کہاں سے آتی ہیں؟"

چاچا نے بچوں کے سوال کا جواب بھی سوال ہی میں دیا۔

فضا میں غول در غول گِدھ منڈلاتے دیکھ کر بچوں کے فکر و خیال میں جو ہلچل مچی تھی اُس نے انھیں مضطرب کر دیا۔ اُن کے ذہن میں دخمہ کی چھت پر رکھی سہراب کی نعش کا خیال تھا۔

بے حس معاشرے کے وہ سفاک باشندے جنھوں نے زندگی بھر سہراب کی خبر نہ لی سہراب کی موت کے بعد دخمہ پر رکھی اس کی نعش کو دیکھ رہے تھے اور انھیں اس بات کا شدت سے انتظار تھا کہ فضا میں گدھ کب اور کس طرف سے نمودار ہوتے ہیں۔ پارسی اپنے رفتگاں کی نعش گِدھوں کے سامنے ڈال دیتے ہیں تاکہ وہ انھیں نوچ کر کھا جائیں۔ طوفانِ یاس میں غرق پارسی اس تشویش میں مبتلا تھے کہ رفتہ رفتہ گِدھ معدوم ہو رہے

ہیں اور اگر دخمہ کی چھت پر بڑی تعداد میں گدھ نہ پہنچے تو پارسی رسوم کے مطابق سہراب کی نعش کوے کھائیں گے جو بہت بُرا شگون ہے۔

" گِدھوں کا ایک جھُنڈ تیزی سے دخمہ کی طرف آ رہا تھا۔ پارسیوں کے چہرے خوشی سے کِھل اُٹھے۔ بیس برس بعد یہ منظر لوٹا تھا۔"

"پتا نہیں کہاں سے آئے ہیں؟" وہ ایک دوسرے سے سوال کر رہے تھے

"اگر فرش پر چینی گر جائے تو چیونٹیاں کہاں سے آتی ہیں؟"

چاچا کی آواز کی بازگشت سنائی دی۔

ڈاکٹر بیگ احساس نے افسانے کے اختتام پر اسی بات کی جانب متوجہ کیا ہے کہ ہر جان دار کی زندگی کا انجام ایک جیسا ہے مگر آخری رسومات الگ الگ ہیں۔

"اپنا اپنا عقیدہ ہے کوئی دفن کرتا ہے۔ کوئی جلا دیتا ہے۔ یہ لوگ پرندوں کو کھلا دیتے ہیں اور اسی کو ثواب سمجھتے ہیں۔"

***

بیگ احساس کا 'دَخمہ'

مرزا حامد بیگ

بیگ احساس کے افسانوں کے تیسرے مجموعے "دَخمہ" کے سارے کے سارے افسانے، افسانہ نگار کی اس انوکھی تدبیر کاری کی عطا ہیں، جسے بیسویں صدی کے ساتویں دہے سے مخصوص جدیدیت کے تحریک کے رد میں اٹھنے والی آوازوں کا ردّ عمل بھی قرار دیا جاسکتا ہے اور تخلیقی سطح پر جینے کا جتن بھی۔ وہ یوں کہ بیگ احساس کا تعلق بھی ستر ہی کے دہے سے ہے، لیکن وہ جدیدیت کی تحریک سے الگ تھلک رہے۔ نہ 'شب خون' الہ آباد میں دکھائی دیئے، نہ اوراق، لاہور میں لیکن انھیں صرف و محض سادہ بیانیہ کبھی نہیں بھایا۔ یہی سبب ہے کہ انھوں نے سیدھے سبھاؤ تشکیل دیئے گئے بیانیہ کے اندر پرت در پرت کئی ایک تہیں جما کر کامل علامتی، استعاراتی، کیوبسٹک اور تجریدی افسانہ لکھنے کی بجائے ایک ایسا تہہ دار بیانیہ تشکیل دیا، جس میں معنویت کی کئی ایک پرتیں دیکھنے کو ملتی ہیں۔

بیگ احساس کے اس جتن کو قدرے پیچھے ہٹ کر دیکھنا پڑے گا، جب ستّر کے دہے میں میرے ہم راہی: رشید امجد، منشا یاد، اسد محمد خاں، ظہور الحق شیخ، مظہر الاسلام، احمد داؤد، علی تنہا، ذکاء الرحمن پاکستان میں اور سلام بن رزاق، نیر مسعود، قمر احسن، انور قمر، علی امام اور عبد الصمد بھارت میں، علامتی، استعاراتی، اور تجریدی افسانہ لکھ رہے تھے۔

تب ترقی پسند تحریک کی نمائندہ آواز عصمت چغتائی نے استہزایہ: "سانپ کے تلوے" اور غیر وابستہ افسانہ نگاروں کے سرخیل ممتاز مفتی نے افسانہ "کٹ پیس" لکھ کر ہم لوگوں کا مضحکہ اڑایا تھا۔ احمد ندیم قاسمی نے مجلہ "فنون" لاہور میں سیفٹی والو لگار کھا تھا، علامت، استعارے اور تجرید پر اور ہمارے افسانوں کے مقابل انھیں تیسرے درجے کے سادہ بیانیہ افسانے مرغوب تھے۔ یہی کچھ نقوش، لاہور اور 'نیا دور' کراچی میں دیکھنے کو ملتا تھا۔ ہمارے افسانوں کی اگر پذیرائی ہوئی تو 'شب خون' الٰہ آباد، اوراق، لاہور، سیپ، کراچی اور نئی قدریں، حیدرآباد (سندھ) میں۔ یا پھر، جواز، مالیگاؤں، شاعر، ممبئی، تحریک، دہلی، اسلوب، سہسرام، تخلیقی ادب، کراچی اور جہات، سری نگر نے اردو افسانے میں تکنیکی تجربات کو کھلے دل سے قبول کیا۔ اس کے بعد ترقی پسند تحریک کے گریٹ ماسٹرز کے چیدہ کام اور پانچویں چھٹے دہوں کے افسانہ نگاروں کے انگلیوں پر گنے جاسکنے والے افسانوں "چاپ" (رام لعل) 'سائے اور ہمسائے' اور پرندہ پکڑنے والی گاڑی (غیاث احمد گدّی)، بیلا نائی رے جولدی جولدی، اور ڈاب اور بیئر کی ٹھنڈی بوتل (مسعود اشعر)، سوکھے ساون، اور پچھم سے چلی پُروا (ضمیر الدین احمد)، کو چھوڑ کر جدید افسانہ اس دور کے بڑے بڑے ناموں کو کھا گیا۔ اکثر نے تو لکھنا ہی چھوڑ دیا۔ یہاں تک کہ وہ وقت بھی آیا جب جدید افسانے کے سب سے بڑے اعتراض کنندہ ممتاز مفتی نے "چکٹ گاڑی'، ہونکتا ہوٹر اور موم بتی" کے عنوان سے پہلا علامتی اور تجریدی افسانہ قلم بند کیا، جو جدید ادب، خان پور کے افسانہ نمبر بابت فروری ۱۹۸۰ء میں رشید امجد، احمد داؤد اور میرے افسانوں کے ساتھ شائع ہوا۔ اس افسانے کے بعد انھوں نے "چوہا" اور "روغنی پتلے" کے عنوانات سے دو علامتی افسانے اور لکھے اسی طرح احمد ندیم قاسمی نے اپنا پہلا علامتی افسانہ "پہاڑ" کے عنوان سے لکھا جو ان کے آخری افسانوں میں سے ایک ہے۔ اشفاق احمد کے

تین علامتی افسانے "قصہ نل دمنتی"، "بندر لوگ" اور "قصاص" لکھے۔ رحمان مذنب کا" خوشبودار عورتیں" اور بانو قدسیہ کا" انتر ہوت اداسی" بھی اسی دور کی یادگار ہیں۔

مجھے سمجھ میں نہیں آتا کہ صرف و محض ناقدین سے ڈر کر تخلیق کار نئے امکانات سے ہاتھ کیسے روک لیتا ہے۔ بیسویں صدی کے آٹھویں دہے کے بعد ایسا کچھ بھی دیکھنے کو ملا، جب ڈاکٹر جمیل جالبی کا علامتی، استعاراتی اور تجریدی افسانے کے خلاف "اوراق" لاہور میں شائع شدہ واحد مضمون شائع ہوا، جس میں ابلاغ کے عنقا ہو جانے کا دکھڑا اس شد و مد کے ساتھ رویا گیا کہ افسانہ بھوسے کا ڈھیر ہو کر رہ گیا۔ کثیر العباد افسانے کی جگہ سیدھی سادہ کہانی سے مخصوص یک سطحی سادہ بیانیہ نے لے لی۔ جب کہ آٹھویں دہے سے متعلق ایک استثنائی مثال سید محمد اشرف (افسانوی مجموعہ "بادِ صبا کا انتظار") کی ہے۔ سبحان اللہ! کیا افسانے لکھے انھوں نے کہانی پن کی جستجو میں دُبلے ہو جانے والے افسانہ نگار، جید ناقدین کو لبھانے کی خاطر یک سطحی سادہ بیانہ لکھ رہے ہیں اور نہیں جانتے کہ انھیں صرف و محض زبانی شاباشی ہی میسر آئے گی اس لیے کہ کوئی بھی ناقد بھوسے کے ڈھیر پر مہر تصدیق کرے تو کیسے؟

بیگ احساس کے افسانوں پر بات کرنے سے پہلے یہ چند معروضات اس لیے بھی ضروری خیال کیں کہ ساتویں دہے میں اپنے عروج کو پہنچ جانے والی جدیدیت کی تحریک اور بیسویں صدی کے آٹھویں دہے کے وسط تا حال اسے رد کرنے والے پینتیس سالہ دورانیے کے تجزیہ میں آسانی رہے۔

بیگ احساس کا تعلق بھی میری طرح اسی مقہور و مردود ستر کی دہائی سے ہے، جس میں جدید افسانہ نگار بھارت کے فیروز عابد، مظہر الزماں خاں، حسین الحق، شوکت حیات، حمید سہروردی، انور خاں، انجم عثمانی اور شفق بھی متحرک دیکھے گئے، نیز اکرام باگ تھے،

جنھوں نے کیوبسٹک طرز کو اپنایا اور یکسر ناکام رہے۔ فرق صرف اتنا ہے کہ بیگ احساس نے پانچ، چھے برس بعد افسانہ نگاری شروع کی اور اپنے لیے علامت، استعارہ اور تجرید کی بجائے کچھ الگ بطور Tool کے برتا، وہ "الگ" کیا تھا، اس پر بھی بات کرتے ہیں لیکن پہلے ایک اعتراف، اور وہ یہ کہ میں اس مجموعے میں شامل افسانے "رنگ کا سایہ"، "دَخمہ"، "نمی دانم کہ"، "دھار" پڑھ کر یکسر حیران رہ گیا اور بارہا افسوس کیا کہ بیگ احساس کے افسانے اس وقت میری نظر سے کیوں نہ گزرے، جب میں "افسانے کا منظر نامہ" (طبع اول ۱۹۸۱ء) پر ۱۹۷۵ء تا ۱۹۷۷ء کام کر رہا تھا۔ بیگ احساس، بلا شبہ ایک قابل توجہ افسانہ نگار ہیں۔ ان کے افسانوں پر ایک سرسری نظر بھی ڈالی جائے تو بھی ان کے افسانوں سے مخصوص جداگانہ ٹریٹمنٹ اور عہد موجود سے متعلق گہرا ادراک اور فراست کا ایک ایسا تال میل دکھائی دے گا، جس کے درج ذیل زمرے بنائے جا سکتے ہیں۔

۱) ماضی سے حال اور لمحہ موجود سے ماضی قریب اور ماضی بعید میں اُتر جانے کا عمل، افسانہ "دَخمہ"، "رنگ کا سایہ"، "کھائی" اور "سنگ گراں"

۲) پرانی اور نئی نسل کا ٹکراؤ کئی ایک سطحوں پر دیکھنے کو ملتا ہے۔ آزاد خیالی اور مذہبی جنونیت، نیز تہذیبی اقدار سے جرٔت اور بے گانگی آپس میں ٹکراتے اور ٹوٹ کر شہاب ثاقب کی طرح جلتے بجھتے دکھائی دیتے ہیں جس کی نمایاں امثال "دَخمہ"، "رنگ کا سایہ"، "نمی دانم کہ" اور "دھار" جیسے افسانے میں۔

۳) سب سے بڑا ٹکراؤ حیدآباد (دکن) کے مسلم گھرانوں کے احساس تفاخر اور عصر نو کی نوجوان نسل کی معاشی الجھنوں سے پیدا شدہ سوچ کے بیچ ہے۔ (مثال: کھائی) اسی طرح ان کے شاہکار افسانے "رنگ کا سایہ" کا نوجوان مرکزی کردار اسی ٹکراؤ کے سبب

ڈانواں ڈول ہے۔ جائے تو کدھر جائے۔

دیکھیے، ہر قابل توجہ قلم کار کی ایک اپنی تخلیقی شخصیت ہوتی ہے، جو اس کی تخلیقات میں جھلکتی ہے۔ کبھی واشگاف اور بعض اوقات پس پردہ۔ یہ دیکھا دیکھی کا عمل نہیں۔ اب بات کو ستر ہی کے دہے کے چند افسانہ نگاروں کی امثال سے واضح کر دوں۔ رشید امجد نے علامت نگاری تو کی، لیکن انھوں نے جس نوع کا تشبیہاتی انداز اپنے تجریدی افسانوں میں برتا، اس کا پر تو ہمیں منشا یاد، حمید سہر وردی، اعجاز راہی، طاہر نقوی اور احمد داؤد کے ہاں بھی دیکھنے کو ملا۔ منشا یاد اور احمد داؤد نے اس سے کنارہ کر کے ہی اپنی اپنی شناخت وضع کی، جب کہ دیگر افسانہ نگاروں کو اس کا احساس تک نہ ہوا۔ نتیجہ ظاہر ہے۔

بیگ احساس، اپنے ہر افسانے میں اپنے علاقائی حوالوں اور نسبتوں کے ساتھ موجود دکھائی دیتے ہیں۔ ان کے علاقائی حوالے حیدرآباد (دکن) سے متعلق سبھی قلم کاروں سے جداگانہ ہیں ماسوائے مکالماتی سطح پر اور نسبتیں، حیدرآبادی انگ کے۔ بول چال کی سطح پر یہ انگ تو نہیں بدلے گا، جیسے مغربی پنجاب سے مخصوص لہجہ، جو احمد ندیم قاسمی، غلام الثقلین نقوی اور منشا یاد کے ہاں یکساں ہے اور مشرقی پنجاب کا لہجہ، جو راجندر سنگھ بیدی، بلونت سنگھ اور رتن سنگھ کے ہاں یکساں ہے۔

بیگ احساس کی اصلی طاقت وہ علاقائی حوالے اور نسبتیں ہیں، جنھوں نے انھیں جدیدیت کی تند ندی سے بھی دور رکھا اور اکہرے بے رس بیانیہ سے بھی۔

مجموعہ "دَخمہ" میں شامل ہر ایک افسانے میں کچھ نہ کچھ ایسا ضرور ہے جو 'خاص' ہے جس کا تعلق ہمارے تہذیبی منطقے سے بھی ہے اور اکیسویں صدی کی کروٹیں لیتی زندگی سے بھی۔ ان افسانوں میں موجود گہری فراست، کسی نہ کسی معمول کی بات کے اندر سے پھوٹتی ہے اور پھر رفتہ رفتہ پھیل کر اس معمول کی بات کے گرد ایک ہالہ سا بن دیتی ہے۔ یہ

خود رو عمل اندر ہی اندر، نامحسوس طور پر ہوتا ہے اور یوں معمول کی بات، غیر معمولی اور بالآخر بے مثل بن جاتی ہے۔ جیسے افسانہ "دَخمہ" میں آزادی (۱۹۴۷ء) کے بعد بڑھتی ہوئی مذہبی لہر کیا اٹھی، ایک پارسی سہراب کا پشتینی میکدہ (۱۹۰۴ء MAI KADA Est.) مسجد سے ہمسائیگی کے سبب بند ہو گیا۔ یہ فی زمانا ایک معمول کی بات ہے۔ لیکن کیا سہراب کی موت کا یہی سبب تھا یا کچھ اور؟ پھر یہ کہ کسی بھی ذی روح کی موت ایک معمول کی بات ہے۔ غیر معمولی اس وقت بنی جب پتا چلا کہ میکدہ ۱۹۰۴ء میں قائم ہوا تو اس کے برابر میں مسجد تھی۔ تا دیر دونوں موجود رہے۔ اب میکدہ بند ہو گیا۔ کیوں؟ مسجد تو پہلے بھی تھی۔ یہ پہلے کیوں نا بند ہوا۔ وقت نے کروٹ لی۔ لوگوں میں رواداری ختم ہو گئی۔ سہراب کے پاس اللہ کا دیا بہت ہے۔ میکدے کے بند ہو جانے سے اسے کوئی فرق نہیں پڑتا۔ تو کیا رواداری کا ختم ہو جانا اس کی موت کا سبب بنا؟ جب یہ سوال اٹھا تو بات کہیں سے کہیں پہنچ گئی۔ پارسیوں کی نسل تو یوں بھی ختم ہوتی جا رہی تھی۔ کیا اسی مرحلے پر میکدہ بند کروا دینا ضروری تھا؟ یہ سوال اسی تہذیبی رواداری کی کوکھ سے جنم لے سکتا ہے جو کبھی تھی اور اب نہیں رہی۔

دَخمہ گاتھی (Gothic) طرز تعمیر کا افسانہ ہے، جس میں عقائد، رسومات، روایات، تاریخ، سیاست اور انسانی روابط کے متعلقات کی محرابیں اک دوجے میں پیوست ہیں۔ اس افسانے میں جس فراست کے ساتھ حیدرآباد میں ملوکیت کے خلاف چلنے والی کمیونسٹوں کی تلنگانہ تحریک اور آزادی (۱۹۴۷ء) کے بعد پولیس ایکشن، نیز زبان کی بنیاد پر ریاستی حد بندیوں کا حوالہ دیکھنے کو ملتا ہے، اس طرح تو ابراہیم جلیس کی لانگ فکشن: "دو ملک، ایک کہانی" میں بھی دیکھنے کو نہ ملا۔

"پولیس ایکشن نے مسلمانوں کو حواس باختہ کر دیا تھا۔ مذہب کے نام پر ملک کی

تقسیم سے پوری قوم سنبھلی بھی نہ تھی کہ زبان کی بنیاد پر ریاستوں کی نئی حد بندیاں کی گئیں۔ ریاست کے تین ٹکڑے کر دیئے گئے۔ برسوں گزر جانے کے بعد بھی دوسری ریاستوں سے جڑے یہ ٹکڑے ان کا حصہ نہ بن سکے۔ اپنی مستحکم تہذیب کی بنیاد پر ریاست کے یہ حصے ٹاٹ میں مخمل کے پیوند لگتے تھے۔

جس شہر کی تاریخ نہیں ہوتی اس کی تہذیب بھی نہیں ہوتی۔ نئے آنے والوں کی کوئی تاریخ تھی نہ تہذیب ایک مستحکم حکومت کا دار الخلافہ سیاسی جبر کی وجہ سے ان کے ہاتھوں میں آگیا۔ وہ پاگلوں کی طرح خالی زمینوں پر آباد ہو گئے۔

زمین بیچنا یہاں کی تہذیب کے خلاف تھا۔ شرما شرمی میں قیمتی زمینیں کوڑیوں کے مول فروخت کر دی گئیں۔ آنے والے زمینیں خرید خرید کر کروڑ پتی بن گئے۔

کسی کوٹھی میں صدر ٹپہ خانہ آگیا، کسی حویلی میں انجینئرنگ کا آفس، کسی حویلی میں اے جی آفس تو کسی حویلی میں بڑا ہوٹل کھل گیا۔ باغات کی جگہ بازار نے لے لی۔ لیڈی حیدری کلب پر سرکاری قبضہ ہو گیا۔ کنگ کوٹھی کے ایک حصے میں سرکاری دواخانہ آگیا۔ جیل کی عمارت منہدم کر کے دواخانہ بنا دیا گیا۔ رومن طرز کی بنی ہوئی تھیٹر میں اب بہت بڑا مال کھل گیا تھا۔ حویلیاں، باغات، جھیلوں اور پختہ سڑکوں کے شہر کی جگہ دوسرے عام شہروں جیسا شہر ابھر رہا تھا جس کی کوئی شناخت نہ تھی۔"

پارسی گٹہ، کی تفصیل اور میت سے متعلق پارسی رسوم و رواج کی تفصیل بھی حیران کن ہے۔ افسانہ نگار، اپنے ہر افسانے میں اس نوع کی حیرانی بانٹتے چلے آئے ہیں لیکن طریقہ کار کے فرق کے ساتھ اس افسانے میں یہ کام شعور کی رو کو مہارت کے ساتھ برت کر کیا گیا۔ یوں ماضی اور حال اپنی تمام تر جزئیات کے ساتھ افسانے کا حصہ بنتے ہیں۔

"یہ دَخمہ ہے۔ اس کی چھت درمیان سے اونچی ہوتی ہے۔ چھت پر تین دائرے

بنے ہیں۔ مرد کی نعش اندرونی دائرے میں، عورت کی درمیانی دائرے میں اور بچوں کی نعش اندرونی دائرے میں رکھی جاتی ہے تاکہ ان پر تیز دھوپ پڑے اور گدھوں کو دور سے نظر آجائے........ اسے سگ دید کہتے ہیں۔ چار آنکھوں والا کتّا........ یہ سگ دید ہی آدمی کے نیک و بد ہونے کا کا فیصلہ کرتا ہے۔ "اور چاچا یہ گدھ کہاں سے آتے ہیں؟"، "اگر فرش پھر چینی گر جائے تو چیونٹیاں کہاں سے آتی ہیں؟" چاچا نے سوال کیا اور اندر چلے گئے۔"

زمانے کس طرح کروٹ لے رہا ہے؟ اس کی تفصیل نہایت عمدگی سے اس دورانیے میں بیان کی گئی ہے، جب سہراب کے اعزاء اور چند ایک شناسا دَخمہ کے اندر سہراب کی آخری رسومات میں مصروف رہے۔

میکدے میں بیٹھنے والا ایک ساتھی، جو امریکہ جابسا تھا، بیس برس بعد لوٹ کر آیا تو حد درجہ ناسٹالجک ہو گیا تھا۔ پارسی گٹہ کے اندر تعمیر کردہ دَخمہ کی چھت پر سے جب تک گدھ، سہراب کی برہنہ نعش کو نوچ کر لے جائیں، افسانہ نگار ہمیں افسانہ کے راوی اور اس کے امریکہ پلٹ دوست کے ہمراہ سہراب کے گھر لے گئے۔ یہ ماضی قریب کی بات ہے جو حال کے بے رحم لمحات سے آکر جڑ گئی ہے اور پارسی گٹہ میں سہراب کی آخری رسومات جاری ہیں۔ معلوم ہوا کہ حیدرآباد آکر بس جانے والے پارسی، سیکولر آصف جاہی سلطنت کے چرچے سن کر آئے تھے۔ یہاں انھیں خطابات سے نوازا گیا، نواب سہراب نواز جنگ، فرام جی جنگ، فریدون الملک، وہ شاہی دور تھا۔ آزادی ملی اور جمہوریت آئی تو اس رواداری کا خاتمہ ہوا۔ مسلمانوں کی شکایت پر میکدہ بند کر دیا گیا۔

پارسیوں کے گھٹ جانے کے سبب اب تو دَخمہ کی چھت پر گدھ بھی نہیں منڈلاتے۔ سہراب خوش نصیب تھا کہ جب اس کی برہنہ نعش دَخمہ پر رکھی گئی تو دور دور

تک گدھوں کا نام و نشان نہ تھا، پر جانے کہاں سے گدھوں کا ایک جھنڈ دَخمہ کی طرف لپکا۔ بے شک، فرش پر چینی گر جائے تو چیونٹیاں آہی جاتی ہیں۔

افسانہ دَخمہ میں جس سوچ نے مسجد کی ہمسائیگی کے سبب میکدہ بند کروایا، وہی سوچ اب جنوبی ایشیاء کے مسلم گھرانوں کے دروازوں پر مہیب دستک بن گئی ہے۔ نائن الیون کو امریکن ٹریڈ سنٹر کی دو فلک بوس عمارات پر القاعدہ کے حملے نے عالمی معیشت، سیاست اور سوچ کے ڈھروں کو ایک نئی کروٹ دے دی۔ عراق اور افغانستان اتحادی افواج کا نشانہ بنے تو اس کا ردعمل بالخصوص سوات اور فاٹا (پاکستان) اور مجمل طور پر ایران میں بہت شدید تھا۔ ہندوستان جیسا سیکولر جمہوری ملک بھی اس کی تپش سے جھلسا۔ بابری مسجد کے سانحے کا ردعمل پاکستانی میں بہت شرمناک تھا۔ یوں تو ۱۹۴۷ء کے فسادات کے نتیجہ میں ہندوؤں اور سکھوں کے ہجرت کر جانے کے سبب پاکستان میں مندروں اور گوردواروں کو تالے پڑ گئے تھے، لیکن وہ زنگ آلود تالے بھی کہاں گوارا رہے۔ بڑی تعداد میں مندر گرا دیئے گئے، یہاں تک کہ لاہور کا جین مندر بھی۔

ہجوم کی بپھری ہوئی نفسیات عجب ہے۔ فائر بریگیڈ نے جب پشاور کے ایک چرچ سے اٹھنے والی آگ بجھا دی تو اگلے روز اس چرچ کے آگ میں جھلسے ہوئے دروازے پر ایک بورڈ آویزاں دیکھا گیا۔ جس پر لکھا تھا:

"یہ وہ عبادت گاہ ہے، جس میں پاکستان کی سلامتی کی دعا مانگی جاتی تھی۔"

بیگ احساس نے ایسے میں افسانہ "دھار" کی صورت ہندوستان کا درجہ حرارت نوٹ کروانے کو ایک بہت معمولی سی بات کو چنا۔ جو ابتدا میں تو معمولی تھی، لیکن آخر کار غیر معمولی بن گئی۔ ایک ریٹائرڈ مسلم، جس نے ریٹائرمنٹ کے بعد نہ داڑھی بڑھائی، نہ تسبیح ہاتھ میں لے کر مسجد کا رخ کیا، اس وقت مخمصے میں پڑ گیا جب حسب معمول صبح اٹھ

کر اس نے شیو بنانا چاہی تو اسے اس کی شیونگ کٹ مخصوص جگہ پر رکھی ہوئی نہ ملی۔ بس اتنی سی بات تھی۔

اس کے بیٹے نے سیاہ شرعی داڑھی رکھ چھوڑی تھی، جو اس کے لیے ناگوار خاطر تھی۔ کٹر مذہبیت کی اپنے ہی گھر سے اٹھنے والی لہر اس کے لیے ایک مشکل بنتی جا رہی تھی۔ اس سے ایک ایسے ناسٹالجیا نے جنم لیا جو ہندوستان کی گنگا جمنی تہذیب کے کھو جانے سے متعلق ہے سب مٹتا جا رہا ہے، یہ عمل کیسے تھمے؟ جو مٹ گیا، اس کی بازیافت کیوں کر ہو؟

اس نے کبھی ایک لمحے کے لیے بھی نہیں سوچا کہ خود اپنے یا اپنے بچوں کے مستقبل کو محفوظ بنانے کی خاطر کسی یورپی ملک میں چلا جائے۔ اسے یہ گوارا نہیں کہ محض روپے پیسے کی خاطر دوسرے درجے کا شہری بن جائے۔ جب کہ اس کی اگلی نسل ایسا کچھ ہی چاہتی تھی اور یہ اس کے لیے سوہان روح بنتا جا رہا تھا۔

اس نے اپنا آبائی گھر اس لیے چھوڑا کہ وہاں رفتہ رفتہ پنپنے والی مذہبی منافرت، اس کی طرز زندگی پر کھلے طنز میں ڈھلنے لگی تھی۔ اس سے پہلے کہ طنز، قتل و غارتگری میں ڈھلے، چھوڑ دیا اس نے وہ علاقہ اور اٹھ آیا، خالص مسلم آبادی میں جہاں ہر نکڑ پر لمبے کرتے اور اونچے پاجامے پہنے، سروں پر ٹوپیاں اڑسے لمبی داڑھیوں والے بزرگ تھے۔ یا چلتے پھرتے سیاہ برقعے۔ یہاں مسلمانوں ہی کو راہ راست پر لانے والی تبلیغی جماعت کی ٹولیاں گھر گھر دستک دیتیں۔ پر اس کے معمولات میں کوئی تبدیلی واقع نہ ہوئی البتہ برسوں کے معمولات میں پہلا رخنہ تب پڑا جب اس کی بیوی نے الگ فرش پر بستر بچھا کر سونا شروع کر دیا اور پہلا دھچکہ یہ لگا کہ اس کے بیٹے نے شرعی داڑھی رکھ لی اور روپے پیسے کی خاطر یورپ کا رخ کیا۔ اس نے دل پر پتھر باندھ لیا۔ یہاں تک تو اس میں مزاحمت کی ہمت تھی لیکن غیر معمولی پن نے ایک جست آگے کو تب بھری جب اس کے بیٹے کو اس

کے ظاہری حلیے کے پیش نظر یورپ کے ایئرپورٹ سے ہی واپس کر دیا گیا، اس شک کی بنا پر کے اس کی ہیئت کذائی بین الاقوامی دہشت گردوں سے ملتی جلتی تھی۔

کیا ان پر دنیا تنگ ہو رہی ہے؟ یہ وہ سوال تھا، جس کے سامنے اس کے معمولات زندگی کے ہی نہیں، اس کی بچی کھچی مزاحمت کے بخیے ادھڑ گئے۔ ایسے میں جب کئی روز بعد یورپ سے دھتکارے ہوئے بیٹے نے یہ کہتے ہوئے کہ "صرف داڑھی رکاوٹ بن گئی ہے پاپا..... یہ لیجئے آپ کا سیٹ تو وہ بولا: "نہیں...... اسے تم ہی رکھ لو۔"

اس نے اپنی من چاہی زندگی گزارنا چاہی تھی، جس میں ناکام رہا۔ کٹر مذہبیت اور فرقہ واریت کی سخت مزاحمت کی لیکن اپنے ہی خون کی شکست، ناکامی اور پسپائی کو دیکھ کر وہ ڈھے گیا۔ اس نے آئینے میں اپنا چہرہ دیکھا، اپنی بڑھی ہوئی داڑھی پر ہاتھ پھیرا اور خیال کیا کہ کچھ بُرا تو نہیں لگ رہا، گوارا ہی تو ہے۔

افسانے کا یہ اختتامیہ لاتعداد سوالات کو جنم دیتا ہے۔ کیا اس کی سوچ غلط تھی؟ کیا بیٹے کی صورت اپنے ہی خون کی یورپ میں Rejection اس کے لیے ناقابل برداشت ہو گئی؟ کیا اس نے بدلے ہوئے حالات کے آگے سر جھکا دیا؟ یا اس کا یہ فیصلہ اپنے جگر گوشے کو اپنی ہی دھرتی سے جوڑے رکھنے کی نئی تدبیر ہے؟ افسانے کو اس درجہ کثیر الجہات بنانا کچھ اتنا ارزاں نہیں۔

افسانہ "نمی دانم کہ....." میں بنیادی قضیہ کیا ہے؟ ایک معمول کی بات قبضہ گروپ نے ایک شریف آدمی کے مکان پر قبضہ کر لیا ہے۔ وہ جو نسلاً مغل ہے، لیکن اس پر کبھی گھمنڈ نہ کیا یونیورسٹی ٹیچر ہے اور اس کا ریٹائرمنٹ قریب ہے۔ اس سے قبل کہ ریٹائرمنٹ ہو جائے اور یونیورسٹی اس سے سرکاری کوارٹر خالی کروالے، اپنا آبائی مکان جو والد گرامی نے کرائے پر اٹھا دیا تھا، کرایہ داروں سے خالی کروانا چاہتا ہے لیکن وہ کسی طور

مان کر نہیں دیتے۔ سخت مشکل میں ہے۔ اللہ والوں سے رجوع کرنے کا سوچتا ہے اور نام پلی، کا رخ کرتا ہے۔ حیدرآباد (دکن) کا وہ علاقہ، جہاں مرکزی ریلوے اسٹیشن تھا۔ نام پلی کی وجہ تسمیہ یہ تھی کہ عبداللہ قطب شاہ کے دیوان سلطنت رضا قلی نیک نام خاں کے نام پر آباد ہوا۔ عوام نے نیک نام خاں، سے نام چنا اور اس کے ساتھ تلگو کا لفظ پلی جوڑ کر نام پلی بنالیا۔ نامپلی میں ایک درگاہ تھی، جہاں جمعرات کے دن معمول سے زیادہ بھیڑ بھڑ کا رہتا۔ لوگ فاتحہ خوانی کو بھی آتے اور درگاہ کے سجادہ نشین سے دعا بھی کرواتے۔

وہ وہاں پہلی بار گیا تھا۔ درگاہ میں حاضری کے اطوار سے یکسر نابلد۔ بس ایک ہی جملے کا ورد کیے جارہا تھا مجھے مکان واپس دلوادیجئے۔

درگاہ سے ملحقہ مسجد کے صحن میں "اللہ ہو" کا ورد جاری تھا اور درگاہ کے سجادہ نشین کی وہاں موجودگی بھی ثابت تھی، لیکن مرادیں مانگنے والوں کا ایک اژدہام تھا۔ جب تک ان تک پہنچتا، حضرت نے قوالوں کی منڈلی کا رخ کرلیا۔ قوالوں کو نذرانہ پیش کیا جاتا رہا اور یہ سلسلہ رات گئے تک جاری رہا۔ یہ دیکھ کر وہ اٹھ آیا۔ اگلے روز وہ حضرت قبلہ کے گھر چلا گیا کہ عرض گزارے کسی نے اسے یہ بھی بتادیا تھا کہ قابض کرایہ دار، حضرت قبلہ کے خاص مریدوں میں سے ہے۔ اب اس کی مشکل سوا تھی۔ سخت مضطرب، وہ دروازے میں جوتوں کے قریب بیٹھ گیا۔ دالان میں تل دھرنے کو جگہ نہ تھی اور حضرت بیان فرمارہے تھے "علم دو ہیں..... ایک علم ظاہر...... دوسرا علم باطن ....." وہ کرے تو کیا کرے حضرت قبلہ کا بیان طول پکڑ گیا۔ تاوقتیکہ نماز کا وقت ہو گیا اور وہ حضوری سے ایک بار پھر محروم رہا۔

ایک یونیورسٹی ٹیچر کی اس سے زیادہ کیا تذلیل ہوسکتی تھی اسے اس مقام تک پہنچا کر معمولی استعداد کا افسانہ نگار ناکام و نامراد شخص کو متعلقہ درگاہ اور حضرت قبلہ کے گرد

قائم شدہ عقیدت کے حصار سے متنفر دکھا سکتا تھا پر یہ ایک فطری لیکن حد درجہ معمول کا ادنی سارد عمل ہوتا۔ افسانے کی بنیاد بننے والی ایک معمول کی بات معمول کے درجے سے اوپر نہ اٹھتی۔ قاری کو جھٹکا اس وقت لگتا ہے جب وہ اپنی دوسری ناکامی پر ان جعل سازوں، جنھوں نے اہل صوف کا مکھوٹا چڑھا رکھا ہے کی جانب قلبی جھکاؤ محسوس کرتا ہے۔ ایسا نہیں کہ وہ تصوف کی حقیقت سے ناآشنا ہے۔ یہودیت کے 'زہاد' عیسائیوں کی 'رہبانیت' مجوسیوں اور زرتشتوں کی فکر اور ویدانت کے فلسفے پر اس کی گہری نظر ہے۔ یہ جھکاؤ در حقیقت اس کی غرض کی شدت ہے۔ اس کا خواب دیکھنا ثابت کرتا ہے اس نے مکان واگزار کروانے کے جھمیلے میں بہت پاپڑ بیلے۔ آخر بے بس ہو گیا۔ خواب میں بشارت ملنے کا سلسلہ موقوف ہوا وہ تھکا ہارا تیسری بار درگاہ کا رخ کرتا ہے اور صادق العقیدت مرید بن کے آخری سرے پر جا بیٹھتا ہے۔

حضرت قبلہ کا بیان جاری تھا اور ذکر ہو رہا تھا میدان کرب و بلا میں امام حسینؑ کی بیعت کرنے والے صابرین کا اور اشارہ تھا حسینؑ کے یزید کے ہاتھ پر بیعت کرنے کی جانب۔ اس نے سوچا کہ دل نہ بھی مانے تو کیا مصلحت کے تحت بیعت کر لی جائے؟ اس کے ذہن میں ابھرنے والا یہ سوال ایک بڑی زقند ہے جو اسے کھائی کے اوپر فضا میں معلق کر دیتی ہے۔ نہ کھائی میں گرتا ہے، نہ اسے الانگھ پاتا ہے۔ یہاں سے یہ افسانہ Habituation کی نفسیات کی جانب نکل جاتا ہے۔ اس کے بعد نہ تو اس محفل میں مکان پر قابض کرایہ دار بیٹھا دکھائی دیا نہ حضرت قبلہ کی لن ترانیوں نے اسے موقع دیا کہ وہ اظہار مدعا کرے۔ وہ تو درگاہ تک جانے، وہاں بیٹھنے اور سننے کا عادی ہوتا چلا گیا۔

اس کی یہ قلب ماہیت، روحانی ہی نہیں جذباتی سطح پر بھی ہے۔ مدت بعد اس کا جی چاہا کہ گھر جائے اور اپنی منکوحہ کی گود میں سر رکھ کر جی ہلکا کر لے۔ اس کا راضی بہ رضا

اور پر سکون ہو جانا، اس معمول کی بات (جس پر افسانے کی عمارت کھڑی ہے) میں کتنے ہی معنوی ابعاد پیدا کر دیتے ہیں۔ ایسے میں ایک ضمنی قصہ افسانے میں کیا سجا ہے، سبحان اللہ، بادشاہ دونوں بزرگوں کے آگے سر جھکائے کھڑا ہے۔ انھوں نے اس سے ایک ٹھیکری منگوائی...... پھر وہ بادشاہ کی طرف دیکھتے ہوا بولا "جاؤ، ان سے کہہ دو کہ وہ چلا گیا" وہ چمار نہیں اس زمانے کے قطب تھے جو ابوالحسن تاناشاہ کی سلطنت کی حفاظت کر رہے تھے۔ ان کے جانے کے بعد قلعہ فتح ہو گیا۔

وہ تو اپنی منکوحہ کی گود میں سر رکھ کر جی ہلکا کر لیتا لیکن گھر میں ایک بیوی ہی تو تھی، جسے مکان واگزار کروانے کی جلدی تھی۔ لمحہ بھر کے لیے اپنی بیوی کی جانب اس کے اٹھتے ہوئے قدم، دنیا داری کا آخری حیلہ تھا اور اس کا لیٹے لیٹے کروٹ بدل کر سو جانا، راضی بہ رضا ہو جانے کا اشارہ ہے۔

حضرت قبلہ کا اس کی جانب متوجہ ہونا، اسے اپنے قریب بلانا، سینے سے لگا کر بھینچنا اور پشت تھپتھپانا اپنے اندر خاصی تہہ داری سمیٹے ہوئے ہے۔ حقیقت میں ایسا ہوا یا نہیں؟ کچھ کہہ نہیں سکتے اس لیے کہ وہ تو Habituation کا شکار ہو کر دنیا و مافیہا سے بے پروا ہو گیا تھا۔ اس روز کرایہ دار، مکان خالی کر کے اس کے گھر چابی دے گیا تھا یا نہیں؟ کیا پتا۔ اس کا صدق دل سے یہ دعا مانگنا کہ اے اللہ، مجھے مسکین رکھ، کسی ایک قطعی اور حتمی نتیجہ کی بجائے افسانے کو کئی ایک معنوی ابعاد سے ہمکنار کر دیتا ہے۔

افسانہ "سانسوں کے درمیان" میں مرکزی کردار کی نفسی کیفیات کو 'شعور کی رو' کی تکنیک میں رقم کیا گیا ہے۔ افسانے کا مرکزی کردار مختلف نفسی کیفیات کے تحت تیزی سے محسوسات اور تخیلات کے ایک زون سے دوسرے زون میں حرکت کرتا رہتا ہے۔ اس حوالے سے اس کا لاشعور اس کا معاون و مددگار ہے۔ سگمنڈ فرائیڈ کے نظریہ لاشعور

کی عطا، اس تکنیک کا تعلق موضوع سے زیادہ Method سے ہے، جس کے تحت دماغ میں آئے بے ربط امور نئی ترتیب میں ڈھلتے ہیں یوں اس افسانے کے مرکزی کردار کے ذہن میں بننے اور تحلیل ہو جانے والی حقیقت سے مشابہ تصویروں کا ربط ضبط کسی منطق یا استدلال کی وجہ سے نہیں بلکہ لحظہ بہ لحظہ لاشعور سے شعور میں داخل ہونے والی کیفیات سے ہے۔ اب تو Pribram اور Spinelli کے لیبارٹری تجربات نے بھی یہ بات ثابت کر دی ہے کہ دماغ کا حرکی نظام، انسان کے حسی نظام پر اثر انداز ہوتا ہے۔ اس کا مطلب یہ ہوا کہ دماغ اپنی "در آمد" کا من پسند انتخاب کرتا ہے۔ ضروری نہیں کہ وہ "من پسند انتخاب" اس کے لیے سود مند بھی ہو۔ وہ اس کے لیے گھاٹے کا سودا بھی ہو سکتا ہے۔۔

افسانہ "سانسوں کے درمیان" میں اس کی بہترین امثال وہ ہیں، جب افسانے کے مرکزی کردار کے والد کو ICU سے پیئنگ روم (Paying Room) میں منتقل کیا جاتا ہے۔ اس موقع پر اس کے محسوسات کے درجے نوٹ کریں تو یکے بعد دیگرے اچنبھے کا سامنا کرنا پڑتا ہے۔

ا) اگر مریض پیئنگ روم میں آگیا تو لواحقین کے جیب میں ادائیگی کرنے کو معقول رقم ہونا شرط ہے۔

(۲ مریض کی حالت کیا سنبھلی، افسانے کا مرکزی کردار ایک نئی الجھن کا شکار ہو گیا کہ میاں بیوی کے پاس نئے کپڑے، جوتے تو ہیں نہیں، کریں گے کیا؟

اسی نوع کے پیچ، بیگ احساس کی افسانوی تدبیر کاری کا خاصہ ہیں۔ اس دوسرے سوال کے سر اٹھاتے ہی افسانے کے بنیادی قضیے مہنگے ہسپتال کی فیس اور باپ کے مر جانے کا اندیشہ قدرے تحلیل ہو گئے۔ اب افسانے کے مرکزی کردار کی دبی ہوئی خواہشات یکے بعد دیگرے اسے ایک ٹائم زون سے دوسرے ٹائم زون میں دھکیلتی ہیں۔

پیئنگ روم سے ملحقہ واش روم میں وہ اکیلا، نہاتے ہوئے کمرے میں موجود عورت کو آواز دے کر بلاتا ہے۔ جو اس کی بیوی ہے، لیکن ذہن کے دوسرے زون میں منتقل ہو جانے کے سبب وہ اپنے ساتھ نہاتی ہوئی منکوحہ عورت کے جسم میں وہ کساوٹ محسوس کرتا ہے، جو صرف اور صرف کسی کنوارے نسوانی وجود سے مخصوص ہے۔ پھر یہ کہ اس کسے ہوئے نسوانی وجود کا مزاحمت کرنا (جب کہ اس کی منکوحہ، اس کے بچوں کی ماں، کیا مزاحمت کرے گی) قدرے الگ نوعیت کی مزاحمت ہے، جس کا تعلق سسر کے مکمل ہوش میں آ جانے سے ہے۔ وہ اگر ہوش میں آ گئے تو کیا سوچیں گے؟ جب کہ اپنی ہی منکوحہ کے وجود میں ان چھوئی حسیناؤں کی تلاش اور بیوی کے بال اور آئی بروز بنوانے اور مینی کیور، پیڈی کیور کی خواہش نیز گھر کے لیے میکسی گرائنڈر، کولر اور اسفنج کے گدے کی خریداری اس تبدیل ہوتے ہوئے ذہن کے سبب ہے۔ والد کی بیماری اور آبزرویشن کے گنے چنے دنوں میں ہسپتال کے VIP ماحول میں رہنے کا لازمہ۔ لیکن ایسے میں جب والد ICU سے نکل کر پیئنگ روم میں آ گیا اور تن درستی کی طرف بڑھ رہا ہے تو بچوں کے لیے ریڈی میڈ کپڑوں کی خریداری کیوں ضروری ہے؟ اس کے جواب میں صرف یہ نہیں کہا جا سکتا کہ وہی تبدیلی، جو VIP ماحول میں رہنے کا لازمہ تھا وہ بھی ہے، لیکن ایک سبب وہ اندیشہ بھی ہے جو اندر ہی اندر جڑ پکڑ رہا ہے کہ باپ مر گیا تو اپنوں اور غیروں کے جمع ہونے پر بچوں کی حالت بہتر دکھائی دے اور بھرم رہ جائے۔ اور بالآخر ہوا بھی وہی۔ جب محسوسات اور مشاہدات کے نتیجہ میں ذہنی اور جذباتی تبدیلی آ گئی تو اس تبدیلی کا واحد سبب (والد) زندگی کی بازی ہار گیا۔

افسانے کے اختتام پذیر ہو جانے پر اک ذرا تامل...... یہ تو ظاہر ہے کہ مرنے والا اپنے بیٹے، بہو اور پوتے پوتیوں کی زندگی میں جینے کی اک نئی امنگ بھر کر گور اُتر گیا۔ لیکن

اس پر بھی تدبر کی ضرورت ہے کہ بیگ احساس نے کس طرح افسانے کو اس انجام تک پہنچانے سے پہلے درمیان میں معنویت کی تہیں بچھائیں اور کس طور بچھائیں۔

"رنگ کا سایہ" تہہ دار بیانیہ میں تحریر کردہ محبت کی ایک شاہکار کہانی ہے۔ جس کی بنیاد حیدرآباد (دکن) سے مخصوص تہذیبی اور سماجی اقدار اور مسلم آبادی کا احساس تفاخر بنا۔ یہ احساس تفاخر، قلم کار کے پرکھوں سے بذریعہ اجتماعی لاشعور آگے منتقل ہوا اور اب افسانہ نگار کے ناسٹلجیا کی صورت افسانے میں ایک برے قضیے کی صورت ابھرا۔ ناسٹلجیا کی دوسری لہر خود افسانہ نگار کے ذاتی تجربات سے متعلق ہے۔ یوں ان دونوں اقسام کے ناسٹلجیا نے اس بظاہر معمول سے متعلق روز و شب مشاہدے میں آنے والی اوائل جوانی کی ناکام محبت کی کہانی کو خاص بنا دیا ہے۔

افسانے کا آغاز ان دو لائینوں سے ہوتا ہے۔

"ہم اسی جگہ جا رہے تھے، جہاں سے ہمیں راتوں رات افراتفری کے عالم میں بھاگنا پڑا تھا۔ امی کا تو صرف جسم ساتھ آیا تھا۔ روح شاید وہیں بھٹک رہی تھی پھر جسم بھی اس قابل نہیں رہا کہ ان کے وجود کا بار اٹھا سکتا۔ آج اس جسم کو اسی زمین کے سپرد کرنا تھا۔"

کوئی بھی افسانہ نگار اس طور بہت بڑا جوا کھیلتا ہے۔ لیکن بیگ احساس کو تاش کے پتے پھینٹنے کا فن آتا ہے۔ تاش کے کھیل میں 'فلاش' کھیلتے ہوئے اتنا اعتماد صرف اس کھلاڑی میں ہو گا، جسے باون پتے یاد ہوں اور نہ صرف یاد ہوں بلکہ ایک ایک پتہ اس کی انگلیوں کے تابع ہو کہ جب چاہا دوسرے تیسرے ہاتھ Show مانگ لینے والے کسی تھڑدِلے مد مقابل کو غلاموں کی ٹریل تھما کر خود یکوں کی ٹریل رکھ لی اور لگے بلائینڈ کھیلنے۔

افسانے کے راوی کے دو سوال "کیا امی کی موت کا ذمہ دار میں ہوں؟" اور جواب

کو سمیٹے ہوئے اگلا سوال کہ "گھر چھوڑ کر تو سب بھاگ گے تھے۔ پھر اس کی ذمہ داری ہمارے عشق پر کیسے آگئی؟ افسانویت کا جال بچھانے کا کام کرتے ہیں۔ اسی طرح ماضی بعید سے متعلق بہن کے گھر سے ایک بیوہ کے بچوں سمیت بیڑی کالونی میں اٹھ آنے کا ناسٹلجیا ئی رنگ بدلتا اور افسانویت کی لہر کو طاقت فراہم کرتا ہے۔ بیڑی کالونی سے متعلق یادوں کے بہاؤ کو توڑ توڑ کر بیان کرنے (تاکہ طوالت کا احساس اکتاہٹ نہ پیدا کر دے) کے حوالے سے افسانہ نگار کی فنی مہارت کا پتا چلتا ہے۔

افسانے کے نوجوان مسلم مرکزی کردار (راوی) نے پہلی بار ایک کنویں کی مینڈھ پر ہندو لڑکی لکشمی کو دیکھا جس نے اسے تلگو زبان میں 'پگلا لڑکا' کا نام دیا تھا۔ لکشمی اسکول میں پڑھتی تھی اور اس کی ماں گھر میں پرانے رنگ برنگے کپڑوں کو جوڑ کر بنتہ سیتی رہتی تھی۔ سندھی میں ہمارے ہاں 'بنتہ' کو 'رلی' کہا جاتا ہے۔ دوسری طرف سب کچھ لٹ جانے کے باوجود مسلمانوں میں ایک طنطنہ تھا۔ ہندو جاتی کے مقابل ایک ایسا احساس تفاخر، جو اس افسانے میں جنم لینے والے المیے کا بنیادی سبب بنا۔ لکشمی، لکشمی کے بہنوئی (ملیا) اور لکشمی کی ماتا (ناگماں) کی عاجزی اور سیس نوائی، افسانے میں میٹھا درد بھرنے کا کام کرتی ہے۔ جب کہ افسانہ نگار کی جانب سے تہذیبی منطقے سے متعلق اٹھائے گئے سوالات کہ "ہماری جڑیں کہاں ہیں؟ اس دھرتی سے ہمارا کیا رشتہ تھا؟ وہ جو اس دھرتی کی پہچان تھی؟ کیا ہوئی؟ اس میٹھے درد میں کڑواہٹ اور زہرناکی بھر دیتے ہیں۔

ماں کے ساتھ کام میں ہاتھ بٹانے والی لکشمی کو کھیتوں کی طرف آنے میں تاخیر ہوئی تو اس کے ہونٹوں سے نکلا "شما کر دو" یہ اس خاندان کا وہی مودبانہ رویہ ہے، جو لکشمی کی ماں، بالماں کے ساتھ فیکٹری میں بیڑیاں بنانے والی کو نام لے کر نہیں، درسانی (بیگم صاحبہ) کے عزت دارانہ طریق سے مخاطب کرواتا ہے۔ جب کہ لکشمی کے راجکمار کو یہ

اعتراض کہ لکشمی کا بہنوئی رکشہ کیوں چلاتا ہے، کوئی عزت دارانہ کام کیوں نہیں کرتا اور اس کے جواب میں لکشمی انتہائی عاجزی سے وضاحت کرتی ہے کہ ہم ہمیشہ سے ایسے نہ تھے۔ اس کا یہ بیان حیدرآبادی انگ میں ملاحظہ کیجئے۔

"کیا کریں گے ان کو کوئی اور کام آتچ نئیں۔ اماں اور بھابھی سمجھا سمجھا کے تھک گئے۔ نائنا (والد) ہمارے گاؤں کے نواب صاحب کے خاص آدمی تھے۔ اماں بولتے کہ نواب صاحب ان پہ بہوت بھروسہ کرتے تھے۔ ان کو ہر جگہ اپنے ساتھ رکھتے تھے۔ پولیس ایکشن میں ہمارا گاوں بہوت متاثر ہوا۔ نواب صاحب کا بنگلہ جلا دیا گیا۔ ان کے اپنے گاوں والے ان پر حملہ کرے تو نواب صاحب کو بہوت صدمہ ہوا۔ بعد میں جاگیراں بی ختم ہوگئے۔ پولیس ایکشن کے بعد نواب صاحب گھر سے باہر نئیں نکلے ان کا جنازہ اچ نکلا۔ نائنا بی زیادہ دن زندہ نہیں رہے۔ نائنا کے انتخال کے وخت بہوت چھوٹی تھی۔ ہم لوگاں گھر بیچ کے یہاں آگئے۔ یہاں آنے کے بعد انا رکشہ چلانے لگے"۔ کچھ دیر خاموشی رہی۔ "آپ لوگوں کو دیکھ کے اماں نواب صاب کے گھر والوں کو بہوت یاد کرتے۔"

اگر یہ تفصیل حیدرآبادی انگ میں نہ ہوتی تو کیا اس قدر سجتی؟ پھر لکشمی کی یہ سوچ کہ "آپ لوگاں یہاں کیوں آئے، بیڑی بنانے والوں کی کالونی میں؟" ظاہر کرتی ہے کہ وہ راجکمار کی داسی ہے۔ راجکمار کی سندرتا اور گورا رنگ، برباد کر گیا لکشمی کو۔ اس نے دل و دماغ میں بٹھالی راجکمار کی شبیہہ اور جب بچہ جنا تو وہ ویسا ہی تھا۔ وہی ناک نقشہ وہی رنگ جسے نہ برادری نے قبول کیا نہ اس کے شوہر نے جب کہ ان دونوں کا اس نوع کا جسمانی تعلق تو قائم ہی نہیں ہوا تھا۔ راجکمار کے بیڑی کالونی چھوڑ کر جانے کے سال بھر بعد شادی ہوئی تھی لکشمی کی۔ پر راجکمار کے رنگ کا سایہ ایسا پڑا کہ خاک کر گیا لکشمی کو ایک

تہمت کی اتنی مار!

کچلے اور روندے ہوئے، ایک چنگھاڑ اس وقت بنتے ہیں، جب ان کی عزت پر ہاتھ ڈالا جائے۔ اور وہی ہوا۔ راجکمار کو اپنے گھر والوں سمیت، رات کی تاریکی میں نکلنا پڑا اس کالونی سے۔ رسی جل گئی پر بل نہ گیا۔ ایسے میں گھر چھوڑتے ہوئے اس مسلم گھرانے کا غُرّا دیکھیں کہ لکشمی کو 'حرافہ' کہا جارہا ہے۔ کہا جارہا ہے کہ ان لڑکیوں کا کام ہی یہی ہے کہ اچھے خاندانوں کے لڑکے گھیریں۔ لیکن جب انھوں نے رات کی تاریکی میں کالونی چھوڑی تو انھیں بس اسٹاپ تک رکشے میں لے جانے کے لیے صرف ایک رکشہ ڈرائیور، جو لکشمی کا بہنوئی تھا، تیار پایا گیا۔ پر یہ سب اس کے رکشے میں بس اسٹاپ تک کیوں جاتے، وہ تو اس حرافہ کا بہنوئی تھا۔

وقت گزر گیا اور جب ماں کی اپنے آبائی علاقے میں تدفین کی خاطر لکشمی کے راجکمار کا ادھر آنا ہوا۔ تو وہ لکشمی کے بہنوئی ہی کے رکشے میں بیٹھ کر قبرستان سے وہاں تک آیا۔

"کافی رونق ہوگئی ادھر تو"

"ہاں، آبادی بڑھ گئی ہے"

"پانی کا کنکشن لگ گیا؟"

"ہاں"

"کتنی تکلیف ہوتی تھی کنوئیں سے پانی بھرنے کے لیے"

وہ جواب میں کیا کہتا۔ چپ رہا۔ اس کا زخم ہرا ہو گیا تھا پانی کے کنویں پر ہی تو ملاقات ہوئی تھی لکشمی سے اس کی اور اس کے نتیجہ میں ملنے والی بدنامی اس کی سالی کا مقدر بن گئی۔

افسانے کے اختتام پر کوئی واضح جواب، کوئی واضح لائحہ عمل لٹی پٹی لکشمی کے راجکمار کے پاس نہیں، جو تہذیبی منطقے کی بات کرتا تھا..... زمین سے اپنا ناتہ کھوجتا تھا۔ اس کے سامنے اس کی شکل شباہت کا گوراچٹا ایک ننھا لڑکا کھڑا ہے، جسے بیڑی کالونی کے سبھی لوگ اسی کی ناجائز اولاد تصور کرتے ہیں۔

وہ فولڈنگ چیئر پر بیٹھا، اپنے سامنے اجڑی ہوئی فرش نشین لکشمی سے متعلق اس دُبدا میں پڑ گیا کہ کسی جھمیلے میں پڑے بغیر محض لکشمی کو دلاسہ دے کر وہاں سے چپ چاپ اٹھ آئے یا اس بچے کے سر پر ہاتھ رکھے اور لکشمی کو اپنے ساتھ لیے کہیں دور چلا جائے۔ قوی امکان یہی ہے کہ "رنگ کا سایہ" کھا جائے گا لکشمی کی جوانی....... کچھ نہیں بچے گا۔

بیگ احساس کے تخلیق کردہ کردار مختلف زمانوں میں چہل قدمی کرتے دکھائی دیتے ہیں۔ وہ زمانہ حال کو ماضی سے اور ماضی سے مستقبل کو اتنی سہولت سے جوڑ دیتے ہیں کہ بے اختیار داد دینے کو جی چاہتا ہے۔ افسانہ 'کھائی' میں مرحوم باپ کی میت برف کی سلوں کے حصار میں رکھی ہے، اس لیے کہ پوتے نے اس وقت تک تدفین سے روک دیا ہے، جب تک وہ اپنے وطن واپس نہ آجائے۔ ایسے میں شعور کی رو چپکے چپکے محض حال کو ماضی سے ہی نہیں جوڑ دیتی بلکہ گئی محافل کی گرد جھاڑ کر انھیں اجال بھی دیتی ہے۔ کبھی ایسا بھی ہوتا ہے کہ نفسیاتی الجھاوؤں کے سرے ماضی میں جھانکنے سے مل جاتے ہیں۔ جیسے اس افسانے میں باپ سے بیٹے کے متنفر ہو جانے کا سبب معلوم ہوا۔ نیز یہ بھی پتا چلا کہ یہ تین نسلوں کا الجھیڑا ہے، جس میں باپ کے ایک پرانے خدمت گار کی وفاداری جاگیر دارانہ سوچ پر ضرب کاری ہے۔ جاگیر دارانہ سوچ کے حامل باپ کی شاہ خرچیاں گھر کا بجٹ خراب کرنے کا سبب بنتی رہیں اور بیٹے کی میانہ روی کو اہلکارانہ ذہنیت قرار دیا جاتا رہا۔ یہی

ٹکراؤ اندر رہی اندر افسانے کی بنت کرتا ہے۔ مرحوم کے بیٹے (کفایت علی) کے لیے سب سے بڑا دھچکہ یہ ہے کہ نہ چاہتے ہوئے بھی جاگیر دارانہ سوچ کی کونپل اس کے بیٹے کی صورت پھوٹی ہے۔ جس کے نزدیک روپیہ، ہر شخص کے مقام اور مرتبے کا تعین کرتا ہے اور رشتے ناتے، سٹیٹس کے مطابق جڑتے ہیں۔ حسب نسب، اعلی اقدار اور ایمانداری کا زمانہ لد گیا۔ عائلی زندگی سے متعلق کتاب میں شامل دو افسانے "سنگ گراں" اور "نجات" بظاہر سادہ بیانیہ میں لکھے گئے افسانے ہیں لیکن ان میں بھی خاص طرح کی تہہ داری ہے "سنگ گراں" تو آخر میں جاکر استعارے میں ڈھل گیا۔

افسانہ "سنگ گراں" کی تعمیر نسوانی احساسات و محسوسات پر کی گئی ہے۔ افسانے کے کچھ مقامات تو خالصتاً نسوانی بیالوجی سے متعلق ہیں، جسے رقم کرنے سے ہماری جری اور بے باک خواتین افسانہ نگاروں نے بھی پہلو تہی کی جیسے افسانہ "سودا" از رشید جہاں (مشمولہ "عورت اور دوسرے افسانے" مطبوعہ ہاشمی بک ڈپو، لاہور طبع اول، نومبر ۱۹۳۷ء) میں بہت گنجائش تھی جنسی تحریک کے حوالے سے لکھنے کی لیکن رشید جہاں نے اندھیارے میں ہونے والے عمل پر چھچھلتی سی نگاہ ڈالی اور آگے بڑھ گئیں۔ یہ سارا کچھ بیگ احساس کی صورت ایک مرد افسانہ نگار کیوں کر لکھ پایا؟ تفصیل میں جانے سے خوف فساد خلق لاحق ہے۔ اس لیے اسے مقدر چھوڑتا ہوں۔

اس افسانے کا ایک ماضی ہے اور ایک حال۔ ماضی میں مذہبی کٹرپن براہِ راست نسوانی فطرت سے الجھ رہا ہے۔ "ناخن رنگنے سے وضو نہیں ہوتا" (مذہب اسلام کے تمام مسالک ماضی قریب کے اس اجتہاد پر متفق ہیں) یہ نانی کا بیان ہے۔ جب کہ فطرت نسوانی ناخن پالش کی طلب گار رہی۔ پھر عہد نو کے الگ بکھیڑے ہیں۔ ٹوٹ گیا، جوائنٹ فیملی سسٹم، روایات کا شیرازہ بکھر گیا۔ روایتی مذہبی گھرانے کی لڑکی گھر والوں کی مرضی

کیا، ان کے علم میں لائے بغیر کورٹ میرج تو کر سکتی ہے لیکن آگے؟ لڑکا، لڑکی دونوں جاب کریں، تب بھی حالات ایسے نہیں بن پاتے کہ ایک چھت تلے اکٹھے رہ سکیں۔ بے شک کرائے کا مکان ہی کیوں نا ہو۔ بچہ نہیں لے سکتے، زچہ کی دیکھ بھال، ملازمت کو جاری رکھنا مشکل۔ Child farm میں رکھیں گے بچے کو؟ کیسے ہو گا سب؟ نو بیاہتے جوڑے میں یہ بحث کچھ دن چلتی ہے انجام کار ابارشن ہی ایک حل نکلتا ہے۔ ممتا بہت ہاتھ پاوں مارتی ہے پر کنارا نہیں ملتا۔ ڈوبنا جیسے طے ہے۔

اس سادہ بیانیہ افسانے میں معنوی ابعاد اس وقت چھلکنے لگتے ہیں، جب MTP کے ذریعے بچہ اندھے کنویں میں دھکیل دیا جاتا ہے۔ ایسے میں ممتا کھلی آنکھوں سے خواب دیکھتی ہے۔

"شاید وہ محفوظ ہے۔ کوئی قافلہ ادھر سے گزرے گا تو اسے باہر نکالے گا۔ اس کی وجاہت نازک انگلیوں کو زخمی کرے گی.....یوں وہ بچہ ماضی بعید کے یوسفؑ کے استعارے میں ڈھل گیا۔ جس کی وجاہت کے سبب زلیخا ہی نہیں، اس کی سہیلیوں نے بھی بھرے دربار میں سیب کاٹتے ہوئے اپنی انگلیاں کاٹ لی تھیں۔ بے شک، اسے مجرم قرار دے کر کال کوٹھری میں دھکیل دیا گیا، لیکن ایک دن آئے گا جب وہ اس کال کوٹھری سے خوابوں کا شارح بن کر نکلے گا اور ماں کی رو رو کر بہہ جانے والی آنکھوں کی بینائی بحال کر دے گا۔"

یہ افسانہ تو تھا عہد جدید میں عائلی زندگی پر پڑنے والی افتاد سے متعلق، جب کہ دوسرا افسانہ "نجات" اس عارضے سے متعلق ہے جس نے "نائن الیون" کے بعد پر پرزے نکالے۔ مذہبی کٹرّپن بڑھا اور مسلم ورلڈ ایک دوراہے پر آ کھڑی ہوئی۔

ایک مغربی ملک کی آزاد خیال سوسائٹی (جو کسی طور انڈر ورلڈ کے زیر نگیں علاقہ نہ

تھا) میں ایک ذہنی طور پر تبدیل شدہ اجنبی (فرحان) نہ کھپ سکا لہٰذا اس کا وہاں رہنا اور روزی کمانا ناممکن ہو گیا۔ کیوں اور کیسے؟ اس سوال کو افسانہ میں اٹھا کر قاری کو اس کا جواب کھوجنے پر لگا دیا گیا ہے۔ کسی بات کو سمجھانے کا اس سے بہتر طریقہ کوئی نہیں۔

مذہبی جنونیت کے شکار، فرحان کی بیوی عاشی کا ہر نوع کی تہمت برداشت کرنا، اس ہندوستانی پتی ورتا بیوی کا ایک روپ ہے، جو ہر قیمت پر اپنا سہاگ بچانے کی فکر میں ہوتی ہے۔ لیکن عاشی کا کوئی جتن، مذہبی جنونیت کے مقابل بار آور نہ ہو سکا۔ جب طوفان تھم گیا تو عاشی نے یہ کہہ کر کہ "میں تو ویسی ہی رہ گئی۔ پہلے نفرت اور دیوانگی کی وجہ سے دور رہتے تھے، اب شرمندگی اور احسان مندی کی وجہ سے دور رہتے ہیں۔ میں انھیں اس عذاب سے نجات دلانا چاہتی ہوں۔" خود کو فرحان سے الگ کر لیا۔ یہ ایک ایسا ردّ عمل ہے، جو زمانہ حال میں ہمارے ہاں اٹھنے والے کٹرپن کے طوفان کے آگے بند باندھنے کے مترادف ہے۔

افسانہ "چکرویو" کا منظر نامہ Time-frame کے اعتبار سے تین پہروں میں بٹا ہوا ہے، جس میں دھرت راشٹر اور سنجے کے مکالمے کی صورت ہر یگ سے قدیمی اتہاس کے مختلف بند رقم کر دیئے گئے ہیں۔ ہر یگ کے انت پر آنکھیں دیکھی اور کانوں سنی سے ایک ہی نتیجہ بر آمد ہوا کہ اس یگ کی شناخت ہٹ دھرمی، بے حیائی اور بے ضمیری ہے۔ پھر ہر یگ کے انت پر آپ ہی آپ اس جلی ہوئی مٹی سے ایک نئی زندگی جنم لیتی ہے اور نوزائدہ بچے کی مسکان، گہرا طنز بن جاتی ہے، انیائے کرنے والوں کی سوچ پر۔

بیگ احساس نے ویدوں سے مخصوص ملفوظاتی طریق میں کئی یگوں پر محیط انسانی حیات رقم کر دی ہے، لیکن Captions کے بغیر۔ اس میں ماضی بعید کی بربریت بھی موجود ہے، ماضی قریب کا جلتا ہوا احمد آباد بھی اور عہد حاضر کا میر انشاہ، میر علی اور دتہ خیل کا پاکستان سے متعلق علاقہ غیر بھی۔

افسانہ "درد کے خیمے" آزادی ۱۹۴۷ء کے بعد حیدرآباد (دکن) سے کراچی (پاکستان) براستہ کھوکھراپار، ہجرت سے متعلق ایک یک سطحی بیانیہ افسانہ ہی رہ جاتا، اگر اس میں بہن، بہنوئی اور ننھی بھانجی کی ہجرت کے تجربے میں پیچھے رہ جانے والوں کے ملال کو شامل نہ کر دیا جاتا۔ بیگ احساس نے اس افسانے میں ناسٹلجیا کی ایک نئی جہت یوں شامل کر دی کہ ہم ہجرت کریں یا ہمارا کوئی عزیز، گزرتے ایک ہی تجربے سے ہیں۔ پھر یہ کہ جیسا اوپر بیان ہوا، بیگ احساس کے افسانوں میں دھرتی سے جڑت اور تہذیبی اقدار کی شکست کا بیان اپنی جڑوں کی تلاش کا عمل بن جاتا ہے۔

اس افسانے کے مرکزی کردار کو اس مختصر سے مہاجر گھرانے کی طرف جھانکنے کا وقت تیس برس بعد میسر آیا، جب بہن نہ رہی۔ انسولین کے عادی بہنوئی اور بھانجی نے اسے ایئرپورٹ سے لیا۔ ایسے میں اس ہمیشہ کے لیے بچھڑ جانے والی بہن کا آنسوؤں سے تر چہرہ، جو کبھی ہجرت کرتے وقت ٹرین کے ڈبے کے ساتھ آگے بڑھ گیا تھا، اس کی آنکھوں میں ٹھہر گیا۔

عمر رسیدہ بہنوئی اور اس کے بچوں کی سوچ کا فرق اس کے لیے حیران کن تھا۔ بچے پاکستان کے فرد ہونے پر اتراتے ہیں اور بہنوئی، اتنا وقت گزر جانے کے باوجود گمشدہ حیدرآباد میں ہی میں جی رہا ہے۔ صد افسوس! کہ تقسیم پر اتنا وقت گزر جانے کے باوجود ویزا کا حصول مشکل۔

اس کے بہنوئی نے فون پر بتایا کہ اسے ایئرپورٹ چھوڑ کر وہ دوبارہ قبرستان گئے تھے لیکن بہن کی قبر غائب ہے۔ تلاش کے باوجود کہیں نہیں ملی۔ تو کیا اپنے وطن جانے کی حسرت لیے مر جانے والی اس کی بہن کی مٹی اس کے ساتھ آگئی؟

افسانہ "شکستہ پر" میں سمیر اور سشما جب پہلی بار ملے تھے تو ننھی سمن نے سشما کی انگلی تھام رکھی تھی اور سمیر نہیں جانتا تھا کہ سشما، طلاق یافتہ اور ایک بیٹی کی ماں ہوگی۔

پھر دس برس بعد ملے تو بہت کچھ کھو چکنے کے احساس کے ساتھ دونوں نے شادی کر لی۔ یوں ان کی محبت کا آغاز شادی کے بعد ہوا۔ سمن، اپنی ماں کے ساتھ جانے سے انکاری تھی، وہ اپنے نانا، نانی کے گھر ہی رہی۔

ابتدا میں بیٹی سے سشما کے کٹ جانے کا دکھ بظاہر دکھائی نہیں دیتا، دھیرے دھیرے سر اٹھاتا ہے۔ جب کہ سمن کے گھر آ جانے تک سمیر اس حقیقت سے لاعلم ہے پھر جیسا کہ فطری طور پر ہونا بھی چاہیے، سشما کی یہ آرزو تھی کہ سمیر، سمن کو بیٹی کے طور پر قبول کر لے لیکن اس کے بعد ماں، بیٹی ٹکرا گئیں۔ کبھی سمیر کی محبت سمیٹنے کے معاملے میں اور کبھی سمن کے حد درجہ بولڈ ہونے کے حوالے سے سمن کا اپنے نانا نانی کی جانب جھکاؤ بھی سشما کے لیے ناگوار خاطر رہا۔

سشما کا یہ رویہ بظاہر ابنارمل نفسیات سے مشابہ ہے، لیکن اس کا بھی ایک سبب ہے کہ سشما کی ماں نے اسے کم عمری میں بیاہ کر اس کا گھر بسنے نہیں دیا۔ جب شادی کی عمر کو پہنچی تو اسے سمیر بھا گیا لیکن اس کا طلاق یافتہ اور ایک بیٹی کی ماں ہونا دس برس کھا گیا۔ اب بیٹی کی اٹھتی جوانی اس کے مدمقابل تھی۔

بیگ احساس، اس نوع کی گتھیاں اپنے افسانوں میں سہج سہج کھولتے ہیں۔ معلوم ہوا کہ گئے دنوں میں سشما، سمن ہی کی عمر میں ناسمجھی کی بنا پر اپنے شوہر کی بھابھی سے شکست کھا کر طلاق تک پہنچی تھی۔ شکست پر شکست وہ تلملا کر رہ گئی۔

اس نوع کے نفسی الجھاوؤں کو ضبط تحریر میں لاتے ہوئے، بیگ احساس، تہہ در تہہ اظہاریئے سے کام لیتے اور سوالات کے لامتناہی سلسلوں کو سہ رستوں اور چورستوں تک لے آتے ہیں۔ افسانہ نگار یہ کیوں بتائے کہ سمن کا گھر سے ناراض ہو کر نکل جانا کس کے حق میں بہتر رہا۔ پھر یہ سوال الگ کہ سمن اپنے نانا، نانی کی تنہائی میں کمی کا باعث بن کر ایک بار پھر سشما کو شکست سے دوچار تو نہیں کر گئی؟ اس کا جواب بھی کچھ اتنا سہل نہیں یہ

سشما کے لیے باعث کرب بھی ہے اور باعث اطمینان بھی۔ اس کی آنکھوں سے آنسو بھی رواں تھے اور چہرے پر اطمینان بھی تھا۔ پرندے ایک ایک کر کے پھر سے جاگ گئے تھے اور جال سمیت اونچائی میں پرواز کرنے لگے تھے۔ بیگ احساس کا وہی من پسند طریق کار، جو سادہ بیانیے کو بھی معنوی سطح پر اٹھا کر کہیں سے کہیں پہنچا دیتا ہے۔

اب آیئے زبان و بیان کی طرف اس کے باوجود کہ بیشتر افسانوں میں تاریخ، سیاست، مذہب، معیشت اور معاشرت زیر بحث رہے پھر بھی خالصتاً علمی موضوعات سے مخصوص سپاٹ دوٹوک زبان کہیں دیکھنے کو ملتی جو Information بہم پہنچانے کا لازمہ ہے۔ بیگ احساس نے کہیں کہیں بولی ٹھولی کی سطح پر حیدرآبادی انگ بھی برتا ہے اور سنسکرت اور ہندی بھی لیکن صرف مکالموں کی سطح پر۔ راوی کے بیانیہ میں نہیں۔ زبان و بیان سے متعلق یہ وہ شعور ہے، جس سے ہندوستان اور پاکستان میں لکھا جانے والا بیشتر حالیہ افسانہ خالی دکھائی دیتا ہے۔ نسبتاً پاکستان میں بلوچی، سرائیکی، پنجابی، پشتو اور ہندوستان میں بڑے شہروں کی Slang اور ہندی کے الفاظ کی پیوندکاری جاری ہے۔ جب اس خامی کی نشاندہی کرو تو جواب میں یہ سننا پڑتا ہے کہ وقت کے ساتھ ساتھ وسعت الفاظ کون لائے گا؟ حال آنکہ افسانہ نگار کی زنبیل ان مقامی زبانوں کے الفاظ کی متبادل اردو لفظیات سے خالی ہوتی ہے۔ "نور اللغات" فرہنگ آصفیہ اور "جامع اللغات" کے انھوں نے نام تک نہیں سنے، کھول کر کیا دیکھیں گے۔

ایک مدت بعد مجھے ان افسانوں میں اتنی نتھری ستھری زبان پڑھنے کو ملی، جو نہ تو اردو کا لکھنوی رنگ ہے، نہ دہلوی لیکن کیا کہنے صاحب! اب وہ زمانہ لد گیا، جب راشد الخیری، اشرف صبوحی، صادق الخیری اور آمنہ نازلی نے اپنے افسانوں میں اردوئے معلی کی خوشبو بسالی تھی۔ اب تو دلی میں بھی کرخنداری کا چلن ہے۔

انتظار حسین کی زبان و بیان پر صدقے واری جانے والے کبھی یہ نہیں کہیں گے کہ

انتظار حسین کی زبان و بیان کا تعلق دور دور تک دہلوی رنگ سے نہیں، میرٹھ اور بلند شہر کے دیہی علاقہ جات سے ہے۔ جس میں تذکیر و تانیث کی قطعیت پنجاب کی دین ہے۔ دہلی اور لکھنؤ کے مراکز سے دور بیٹھے بیگ احساس کا اس ضمن میں کوئی دعویٰ نہیں۔ وہ تو اسے محض گنگا جمنی تہذیب کی عطا شمار کرتے ہیں۔

ان افسانوں میں بیگ احساس کی حال مست اور پُر باش زندگی کی جھلکیاں بھی ہیں اور ان کی رسمی اعتقادات سے دوری بھی۔ اس کا ایک سبب ہے۔ ان کے اجداد اورنگ زیب عالمگیر کی افواج کے ساتھ دکن میں وارد ہوئے تھے۔ مغل ہوتے ہی ایسے ہیں۔ جب عمر شیخ مرزا کے بیٹے ظہیر الدین بابر نے فرغانہ سے نکل کر ہندوستان کا رخ کیا اس کے بازو بن کر ساتھ چلنے والے بھی مغل ہی تھے، جنھوں نے اپنے چغتہ سردار بابر کے ایک اشارے پر درہ خیبر اور اٹک بنارس کے "کالا چٹا" پہاڑی سلسلے میں قدم جما کر شب خون مارنے والے پٹھانوں کے سروں کے مینار بنائے اور عالمگیر لشکر کا پھریرا دکن پر لہرا کر وہیں بس گئے۔

بیگ احساس کی حیدرآباد (دکن) کی سرزمین اور اس کی قدیمی روایات سے جڑت در حقیقت اپنے اجداد کے قدیمی مسکن سے جڑت کا ثبوت ہے۔ قبرستانوں میں گڑی بوسیدہ ہڈیاں جوڑے رکھتی ہیں ماضی بعید کو لمحہ موجود سے۔

***

پروفیسر ڈاکٹر محمد بیگ احساس کا افسانہ دھار ایک مطالعہ

غلام شبیر رانا

پروفیسر ڈاکٹر محمد بیگ احساس کے افسانے "دھار" میں پس نو آبادیاتی دور میں بھارت میں مقیم مسلمانوں کے سلسلہ ٔروز وشب کی لفظی مرقع نگاری کی گئی ہے۔ کہانی میں ایک ایسے مسلمان ریٹائرڈ سرکاری ملازم کا بیان ہے جس کا چودہ برس کی عمر سے ہر روز صبح آٹھ بجے شیو بنانا اس کا معمول تھا۔ اس کے برعکس بوڑھے کا نوجوان بیٹا اپنے باپ کی مرضی کے خلاف اپنی ڈاڑھی بڑھا لیتا ہے۔ ایک صبح بوڑھے کو اپنی شیونگ سیٹ مقررہ جگہ پر نہ ملا تو گھر میں ہر جگہ ڈُھنڈیا پڑ گئی مگر شیونگ سیٹ کا اتا پتا کسی کو معلوم نہ ہو سکا۔ یہ کہانی نو آبادیاتی دور میں حیدر آباد (دکن) کے مکین ایک ایسے ریٹائرڈ مسلمان کے مزاج کی عکاسی کرتی ہے جو تقسیم ہند کے موقع پر بھارت ہی میں قیام کا فیصلہ کرتا ہے اور پاکستان ہجرت نہیں کرتا۔ افسانہ نگار نے نو آبادیاتی دور کے خاتمے کے بعد پس نو آبادیاتی دور کے حالات پر حقیقت پسندانہ انداز میں اپنے تاثرات لکھے ہیں:

"جب ملک تقسیم ہوا اس وقت وہ جوان تھا۔ ہر شخص بھاگ رہا تھا، تحفظ کے لیے ،بہتر مستقبل کے لیے ،مفت میں جائیداد حاصل کرنے کے لیے ۔پاسپورٹ کی بھی ضرورت نہیں تھی ،بس سرحد پار کرنا تھا۔اُس کی ماں کا اصرار تھا کہ وہ اُدھر چلے جائیں لیکن وہ یہیں رہنا چاہتا تھا، اپنے ملک میں ۔جب بھی فسادات ہوتے اُس کی ماں اُس

کی طرف سوالیہ نظروں سے دیکھتی لیکن اُسے کوئی شرمندگی نہیں ہوتی۔ اُس کے اپنے خواب تھے، انسانیت پر بھروسہ تھا۔ جہالت دُور ہوگی لوگوں کو شعور آئے گا تو سب ٹھیک ہو جائے گا۔ یہ سب مذہبی جنون ہے۔ اُدھر بھی بہت چین اور سکون نہیں تھا۔"

(بیگ احساس: افسانہ، دھار، مشمولہ دخمہ، صفحہ، ۹۷)

اس افسانے میں نئی نسل اور بزرگوں میں پائے جانے والے فکری اختلاف اور ذہنی ہم آہنگی کے فقدان کی نشان دہی کی گئی ہے۔ اپنی ڈارھی بڑھا لینے کی وجہ سے بوڑھے شخص کا نوجوان بیٹا شکل و صورت سے مولوی دکھائی دیتا تھا۔ بوڑھے شخص کا نوجوان بیٹا روزگار کے سلسلے میں بیرون ملک چلا جاتا ہے۔ ہوسِ زر کے بڑھتے ہوئے رجحان کے زیرِ اثر نوجوان نسل سات سمندر پار جانے کے لیے ہر وقت کمربستہ نظر آتی ہے۔ اس سوچ کے بارے میں پروفیسر ڈاکٹر محمد بیگ احساس نے لکھا ہے:

" صارفیت کے طوفان میں سب بہہ رہے ہیں، زیادہ سے زیادہ پیسہ کمانے کے لیے آدمی دُنیا کے کسی بھی کونے میں جانے کے لیے تیار ہے۔" (افسانہ دھار، مشمولہ، دخمہ ، صفحہ ۹۶)

ریٹائرڈ ملازم کا نوجوان بیٹا زرِ کثیر خرچ کر کے بیروں مُلک روانہ ہو جاتا ہے مگر وہا ں ڈاڑھی کی وجہ سے یورپ کی متعصب ایجنسیوں نے اُسے دھر لیا۔ مغربی ممالک کے سفر میں اس کی ڈاڑھی اس کے عزائم کی راہ میں سد سکندری بن کر حائل ہو گئی۔ نوجوان لڑکے نے اپنے ساتھ روا رکھے جانے والے امتیازی سلوک اور شقاوت آمیز ناانصافی کی و جہ یہ بتائی:

"اُن کا خیال ہے میری شکل بین الاقوامی دہشت گرد سے ملتی ہے۔" (بیگ احساس :افسانہ، دھار، مشمولہ دخمہ، صفحہ، ۱۰۲)

اس فرضی مشابہت اور موہوم اندیشوں کی بنا پر دیار مغرب کے مقتدر حلقوں کے اشارے پر چھان بین پر مامور سرکاری عملے کے حکم پر نوجوان لڑکے کو واپس بھیج دیا جاتا ہے۔ اپنے نوجوان بیٹے کے بے نیلِ مرام لوٹنے سے بوڑھا شخص بہت شخص بہت پریشان ہوتا ہے اور وہ شیو بھی نہیں کرتا۔

ابھی وہ نیا شیونگ سیٹ خریدنے کے بارے میں سوچ رہا تھا کہ اس کا بیٹا اس کے پاس آیا اور شیونگ سیٹ واپس کرتے ہوئے کہا:

"نیا پاسپورٹ بنواؤں گا کلین شیو تصویر کے ساتھ۔" (بیگ احساس: افسانہ، دھار، مشمولہ دخمہ، صفحہ، ۱۰۴)

اپنے حقیقت پسندانہ اسلوب میں پروفیسر ڈاکٹر محمد بیگ احساس نے مشرق و مغرب، سیاہ و سفید، شہری و دیہاتی، حاکم و محکوم، ظالم و مظلوم، دیہات و قصبات، مضافات و نو آبادیات اور بڑے شہروں کی تہذیب، ثقافت اور معاشرت سے متعلق تلخ حقائق کو نہایت جرأت کے ساتھ زیبِ قرطاس کیا ہے۔ اُن کی دلی تمنا تھی کہ معاشرتی زندگی سے فرسودہ اور دقیانوسی تصورات کو بیخ و بن سے اُکھاڑ پھینکنے میں تخلیق کار اپنا کردار ادا کریں۔ پروفیسر کٹر محمد بیگ احساس نے کسی مصلحت کی کبھی پروا نہیں کی اور جو فروش گندم نما استحصالی عناصر نے اپنے مکر کی چالوں، عیاری اور خوشامد سے اپنا اُلو سیدھا کرنے اور دیارِ مشرق کی پس ماندہ اقوام کو اپنا تابع بنانے کی جو روش اپنا رکھی ہے، اُسے کڑی تنقید کا نشانہ بنایا۔ ایک حساس اور مخلص انسان کی حیثیت سے پروفیسر ڈا کٹر محمد بیگ احساس نے اہلِ مغرب کی مسلط کردہ مصنوعی جکڑ بندیوں، بے جا قدغنوں اور ناروا امتیازی سلوک پر اپنے رنج و غم اور کرب کا بر ملا اظہار کیا اس کا پردہ فاش کرنے کی مقدور بھر کوشش کی۔ مشرق کے مکینوں کو مغربی ممالک کے جابرانہ، گروہی اور

متعصب ماحول سے نجات دلانے کے سلسلے میں پروفیسر ڈاکٹر محمد بیگ احساس نے قلم بہ کف مجاہد کا کردار ادا کیا۔ یہ کہنا غلط نہ ہوگا کہ رنگ اور نسل پرستی کی مظہر ان دو تہذیبوں میں جو بُعد المشرقین پایا جاتا ہے اس کے سمٹنے کے امکانات عنقا ہیں۔ پروفیسر ڈاکٹر محمد بیگ احساس کی علمی، ادبی اور تحقیقی خدمات کے بار احسان سے عالمی ادب کے طالب علموں بالخصوص اردو داں طبقے کی گردن ہمیشہ خم رہے گی۔ اُن کی وقیع تصانیف کی مقبولیت اور افادیت کا اندازہ اس بات سے لگایا جاسکتا ہے کہ ان معرکہ آرا تصانیف کے دنیا کی کئی زبانوں میں تراجم کیے گئے۔ تخلیقِ فن کے لمحات میں پروفیسر ڈاکٹر محمد بیگ احساس نے خون بن کر رگِ سنگ میں اُترنے کی جو سعی کی ہے اس کا کرشمہ دامنِ دِل کھینچتا ہے۔ اُن کے اسلوب اور ڈسکورس کا مطالعہ کرنے سے یہ حقیقت معلوم ہوتی ہے کہ اُنھیں مانوس، مروّج و مقبول خیالات کی کورانہ تقلید سے شدید نفرت تھی اور ان سے مرعوب ہونے کے بجائے انھوں نے مخفی اور نامانوس تلخ حقائق کے احساس و ادراک پر زور دیا جو مغرب کے مفاد پرست استحصالی عناصر اور استبدادی طاقتوں کی اُڑائی ہوئی گرد میں نہاں ہوتے چلے گئے ہیں۔ پروفیسر ڈاکٹر محمد بیگ احساس کا اسلوب زندگی بھر مائل بہ ارتقا رہا اور اپنے فنی سفر میں اُنھوں نے خوب سے خوب تر کی جانب پیش قدمی جاری رکھی۔ عہدِ جوانی میں کلیشے کے مظہر مروّج نظریات کے انکار اور استرداد کو شعار بنانے والے اس جری تخلیق کار کے اسلوب میں وقت گزرنے کے ساتھ ساتھ نکھار آتا چلا گیا لیکن ایک بات حیران کن ہے کہ آخری عمر میں بھی اُن کی تحریروں میں رجائیت کا غلبہ نظر آتا ہے۔

"اُس کا خیال تھا تمام مذہب انسانوں کے لیے آئے ہیں، انسانوں سے نفرت کے لیے نہیں۔" (بیگ احساس: افسانہ دھار، مشمولہ دخمہ، عرشیہ پبلی کیشنز، دہلی، ۲۰۱۵ء،

صفحہ ۹۶)

"اُس کے اپنے خواب تھے، انسانیت پر بھروسہ تھا۔ جہالت دُور ہو گی لوگوں کو شعور آئے گا تو سب ٹھیک ہو جائے گا۔" (افسانہ دھار، مشمولہ، دخمہ، صفحہ ۹۷)

"جو قومیں کم زور پڑ جاتی ہیں اُنھیں سلمس میں دھکیل دیا جاتا ہے۔" (افسانہ، دھار، مشمولہ، دخمہ، صفحہ ۹۹)

"پہلے جو تعیش کی چیزیں کہلاتی تھیں اب وہ ضرورت بن گئی ہیں جس کے لیے پیسہ چاہیے۔" (افسانہ، دھار، مشمولہ، دخمہ، صفحہ ۱۰۱)

دوسری عالمی جنگ (۱۹۳۹-۱۹۴۵) کے اختتام پر دنیا کے تمام ممالک میں عوام کے فکر و نظر کی کایا پلٹ گئی محکوم اقوام کا لہو سوزِ یقیں سے گرمانے والے قائدین نے ممولے کو عقاب سے لڑنے کا ولولہ عطا کیا۔ اس کا نتیجہ یہ نکلا کہ سامراجی طاقتوں کو اپنا بوریا بستر لپیٹ کر اپنی نو آبادیات سے بادِلِ ناخواستہ کُوچ ناپڑا۔ وقت کے اس ستم کو کبھی فراموش نہیں کیا جا سکتا کہ جاتے جاتے سامراجی طاقتوں نے اپنے مکر کی چالوں سے یہاں فتنہ و فساد اور خوف و دہشت کی فضا پیدا کر دی۔ اس کے بعد گیارہ ستمبر ۲۰۰۱ء امریکہ میں ہونے والے حملوں میں ۲۷۵۰ افراد لقمۂ اجل بن گئے۔ امریکہ نے ان حملوں کی ذمہ داری القاعدہ پر ڈال دی اور افغانستان پر دھاوا بول دیا۔ بیس سال تک افغانستان میں قیام کے باوجود امریکی افواج کو منھ کی کھانا پڑی اور سال ۲۰۲۱ء میں یہاں سے اپنا بوریا بستر لپیٹنا پڑا۔ پروفیسر ڈاکٹر محمد بیگ احساس کا خیال تھا کہ ساتا روہن اور گرگ منش شکاری ہمیشہ نئے جال تیار کرتے رہتے ہیں، زنجیریں بدلتی رہتی ہیں مگر الم نصیبوں کے روز و شب کے بدلنے کے امکانات معدوم دکھائی دیتے ہیں۔ انھوں نے یہ بات ہمیشہ زور دے کر کہی کہ جب تک کسی قوم کے افراد احتسابِ ذات پر توجہ مرکوز نہیں کرتے اور حریتِ

ضمیر سے جینے کی راہ نہیں اپناتے اس وقت تک اُن کی قسمت نہیں بدل سکتی۔ حریتِ فکر و عمل اور حریتِ ضمیر سے جینے کی روش وہ زادِ راہ ہے جو زمانۂ حال کو سنوارنے، مستقبل کی پیش بینی اور لوحِ جہاں پر اپنا دوام ثبت کرنے کا وسیلہ ہے۔ پروفیسر ڈاکٹر محمد بیگ احساس ایک مرنجان و مرنج انسان تھے اور کسی کی دل شکنی و دِل آزاری سے اُسے کوئی غرض نہ تھی۔ پس نو آبادیاتی دور میں ہوسِ زر نے ایک بحرانی کیفیت اختیار کر لی ہے۔ ان اعصاب شکن حالات میں سیرت و کردار کی تعمیر وقت کا اہم ترین تقاضا سمجھا جاتا ہے۔ پروفیسر ڈاکٹر محمد بیگ احساس نے اس جانب متوجہ کیا کہ ہر فرد کو اپنی ملت کی تقدیر سنوارنے میں اہم کردار کرنا پڑے گا۔ ایک ذمہ دار شہری کا یہ فرض نہیں کہ وہ اپنی ذات کے نکھار، نفاست، تزئین اور عمدگی کو مرکزِ نگاہ بنالے بل کہ ضرورت اس امر کی ہے کہ وہ حریتِ فکر و عمل کو شعار بنائے اور اپنے جذبات، احساسات، اور اظہار و ابلاغ کے جملہ انداز صداقت سے مزین کرے۔ پروفیسر ڈاکٹر محمد بیگ احساس نے پس نو آبادیاتی مطالعات پر اپنی توجہ مرکوز رکھی۔ جہاں تک ادب میں پس نو آبادیاتی مطالعات کا تعلق ہے اس کے بارے میں یہ بات بلا خوفِ تردید کہی جا سکتی ہے کہ ان میں نو آبادیاتی دور کے محکوم باشندوں کے زاویۂ نگاہ، وقت کے بدلتے ہوئے تیور، فکر و خیال کی انجمن کے رنگ اور ان کے آہنگ پیشِ نظر رکھے جاتے ہیں۔ پروفیسر ڈاکٹر محمد بیگ احساس کے افسانے اس حقیقت کی جانب متوجہ کرتے ہیں کہ یہ موجِ نفس تلوار کے مانند ہے اور یہاں خودی کی سربلندی کے لیے کام کرنا تلوار کی دھار پر چلنے کے مترادف ہے۔ پس نو آبادیاتی مطالعات نو آبادیات کے باشندوں کی خاص سوچ پر محیط ہوتے ہیں۔ ایک جری تخلیق کار کی حیثیت سے پروفیسر ڈاکٹر محمد بیگ احساس نے اس جانب متوجہ کیا ہے کہ سامراجی طاقتوں کی نو آبادیات کے وہ مظلوم باشندے جو طویل عرصے تک سامراجی

غلامی کا طوق پہن کر ستم کشِ سفر رہے مگر سامراجی طاقتوں کے فسطائی جبر کے سامنے سر جھکانے سے انکار کر دیا، ان کا کردار ہر عہد میں لائق صد رشک و تحسین سمجھا جائے گا۔ یہ دیکھا جاتا ہے کہ سامراجی طاقتوں کو جب اپنی نو آبادیات میں منہ کی کھانا پڑی اور ہزیمت اُٹھانے کے بعد جب وہ بے نیلِ مرام اِن سابقہ نو آبادیات سے نکلنے پر مجبور ہوئے تو اس کے بعد ان نو آبادیات کے باشندوں نے آزادی کے ماحول میں کس طرح اپنی انجمنِ خیال آراستہ کی۔ استعماری طاقتوں نے دنیا بھر کی پس ماندہ اقوام کو اپنے استحصالی شکنجوں میں جکڑے رکھا۔ سامراجی طاقتوں کی جارحیت کے نتیجے میں ان نو آبادیات کی تہذیب و ثقافت، ادب، اخلاقیات، سیاسیات، تاریخ، اقدار و روایات اور رہن سہن کے قصر و ایوان سب کچھ تہس نہس ہو گیا۔ پس نو آبادیاتی مطالعات میں اس امر پر نگاہیں مرکوز رہتی ہیں کہ ان کھنڈرات کے بچے کھچے ملبے کے ڈھیر پر نو آزاد ممالک کے باشندوں نے آندھیوں اور بگولوں سے بچنے کے لیے صحنِ چمن کو کس طرح محفوظ رکھا تیسری دنیا کے ممالک کے مسائل اور اس کے نتیجے میں آبادی میں رونما ہونے والے تغیر و تبدل کے بارے میں ایڈورڈ سعید نے اس موضوع پر حقیقت پسندانہ انداز میں لکھا ہے:

"The widespread territorial rearrangements of the post-World War Two period produced huge demographic movements,for example the Indian Muslims who moved to Pakistan after ۱۹۴۷partition,or the Palestinians who were largely dispersed during Israel,s establishment to accomodate incoming European and Asian Jews; and these transformations in turn gave rise to hybrid political forms.(1)

اپنے افسانے "دھار" میں پروفیسر ڈاکٹر محمد بیگ احساس نے دیارِ مغرب کے مکینوں کی اسلام دشمنی کے خلاف نہایت بے باکی سے اظہارِ خیال کیا۔ اُن کے افسانے سے یہ حقیقت روز، روشن کی طرح واضح ہو جاتی ہے کہ ہومر کے زمانے ہی سے یورپی فکر پر جور و

ستم اور جبر و استبداد کا عنصر حاوی رہا ہے۔بادی النظر میں یہ تاثر عام ہے کہ ہر یورپی باشندے کا مزاج اسلام دشمنی کا مظہر، جابرانہ اور آمرانہ ہے اور نسل پرستی، سامراج کی حمایت اور مریضانہ قبیلہ پرستی اہلِ یورپ کی جبلت اور سرشت میں شامل ہے۔پروفیسر ڈاکٹر محمد بیگ احساس کی زندگی شمع کے مانند گزری انھوں نے خبردار کیا کہ کوئی دیوتا، کسی قسم کے حالات، کوئی من گھڑت تجریدی تصور یا ضابطہ بے بس و لاچار اور بے گناہ انسانیت کے چام کے دام چلانے اور ان پر کوہِ ستم توڑنے اور مظلوم انسانوں کی زندگی کی شمع گُل کرنے کا جواز پیش نہیں کرتا۔انھیں یقین تھا کہ ظلم کا پرچم بالآخر سرنگوں ہوگا اور حریتِ ضمیر سے جینے والے عملی زندگی میں کامیاب و کامران ہوں گے۔پروفیسر ڈاکٹر محمد بیگ احساس ان مظلوم انسانوں کے حقیقی ترجمان تھے جن کی زندگی جبر مسلسل برداشت کرتے کرتے کٹ جاتی ہے۔اُنھوں نے اس جانب متوجہ کیا کہ اقوام کی تاریخ اور تقدیر دراصل افراد ہی کی مرہونِ منت ہے۔یہ کسی قوم کے افراد ہی ہیں جو اُس قوم کی تاریخ کے مخصوص عہد کے واقعات کے بارے میں پائی جانے والی غلط فہمیوں اور ابہام کو دُور کر کے اِسے از سرِ نو مرتب کرتے ہیں۔افراد کی خاموشی کو تکلم اور بے زبانی کو بھی زبان کا درجہ حاصل ہے۔اقوام کی زندگی میں وقت کلیدی کردار ادا کرتا ہے، تاریخ پیہم رواں عمل کا نام ہے جو میزان صبح و شام اور پچیس پچاس برس کی حدود کو خاطر میں نہیں لاتا۔افسانے " دھار " کا بوڑھا آدمی اپنی بیٹی اور نواسے سے مل کر رہتا ہے مگر وہ کئی اندیشوں میں گھرا رہتا ہے۔ عصبیت اور انتہا پسندی کی لہر نے معاشرتی زندگی کے امن و سکون کو غارت کر دیا۔اس کے باوجود افسانہ " دھار " کا بوڑھا اپنی آزاد مرضی سے ضبط نفس کو شعار بناتا ہے اور سد احقائق کی گرہ کشائی کو نصب العین بناتا ہے۔اپنے عہد کی تاریخ اور عمارات سے وابستہ حقائق کے بارے میں افسانہ نگار نے لکھا ہے:

" قدیم عبادت گاہ ہٹ دھرمی سے گرادی گئی تو بہت کچھ بدل گیا کتنے لفظ بے معنی ہو گئے اور کتنے لفظ نئے مفہوم لے کر آئے۔" (افسانہ، دھار، مشمولہ، دخمہ، صفحہ ۹۸)

" قدیم عبادت گاہ کے گرنے کے تقریباً دس برس بعد جدید طاقت ، تہذیب و معاشرت کی علامت دو عمارتیں اچانک گرادی گئیں اور پھر بہت کچھ بدل گیا۔ عمارتیں گرتی ہیں تو بہت کچھ بدل جاتا ہے۔ پھر کچھ نئے لفظ آئے جن میں زیادہ شور تہذیبوں کا ٹکراؤ اور دہشت گردی کے خلاف ردِ عمل، ایٹمی ہتھیار رکھنے والے ممالک کا صفایا تھا۔"
(افسانہ، دھار، مشمولہ، دخمہ، صفحہ ۱۰۰)

سماجی زندگی میں محنت کشوں کی کٹھن زندگی کے نشیب و فراز ہی کچھ ایسے ہیں کہ انھیں تشکیل اور تشکیلِ نو کے متعدد مراحل سے گزرنا پڑتا ہے۔ ایک ماہر نفسیات کی حیثیت سے پروفیسر ڈاکٹر محمد بیگ احساس نے آئینہ ایام میں ان کی ہر ادا کا بہ نظر غائر جائزہ لیا ہے۔ حریتِ فکر کی پیکار اور جبر کے خلاف ضمیر کی للکار سے تاریخ کا رُخ بدل جاتا ہے۔ حریتِ فکر کے مجاہد تاریخ کے اوراق سے فرسودہ تصورات اور مسخ شدہ واقعات کو حذف کر کے اپنے خونِ جگر سے قابل فخر نئی خود نوشت تحریر کرتے ہیں۔ جب جور و جفا کا بُرا وقت ٹل جاتا ہے تو تاریخ میں مذکور ماضی کی بے ہنگم اور بد وضع قباحتیں جنھیں ابن الوقت مسخروں نے نظر انداز کر دیا ان پر گرفت کی جاتی ہے۔ افراد پر یہ ذمہ داری عائد ہوتی ہے کہ ایامِ گزشتہ کی کتاب کے اوراق میں مذکور تمام بے سرو پا واقعات کو لائق استرداد ٹھہراتے ہوئے انھیں تاریخ کے طوماروں میں دبا دیں۔

افسانہ " دھار " میں واقعات کے بیان میں جزئیات نگاری کا جادو سر چڑھ کر بولتا ہے:
" تیز دھار کی بلیڈ جب تک اُس کے گالوں پر نہ دوڑتی وہ خود کو ترو تازہ محسوس نہیں کرتا تھا۔" (افسانہ دھار، مشمولہ، دخمہ، صفحہ ۹۵)

" پنشن کے بعد اُس کے بہت سے دوستوں نے شراب چھوڑ دی اور ڈاڑھی بڑھالی تھی لیکن وہ آج بھی بہترین بلیڈ اور قیمتی شراب استعمال کرتا تھا۔" (افسانہ دھار، مشمولہ ،دخمہ، صفحہ ،۹۶)

" دوسری بار پھر وہ ایک کڑے امتحان سے اُس وقت گزرا جب خلیج کے راستے کُھلے ۔اُس کے کئی دوست دولت سمیٹنے کے لیے بھاگے ،بیوی نے اُسے بہت سمجھایا لیکن وہ ٹس سے مس نہیں ہوا۔ وہ ایسے مُلک کو نہیں جائے گا جہاں اُسے دُوسرے درجے کا شہری بن کر رہنا پڑے۔" (افسانہ دھار، مشمولہ ، دخمہ، صفحہ ۹۷)

پس ماندہ اور نو آبادیاتی نظام کے شکنجے میں جکڑے ہوئے ممالک کے مظلوم باشندوں کا لہو سوز ،یقیں سے گرمانے میں پروفیسر ڈاکٹر محمد بیگ احساس نے نہایت خلوص اور دردمندی سے کام لیا۔ وہ ایک ایسے دردِ دِل رکھنے والے اور درد آشنا مسیحا کے رُوپ میں سامنے آئے تھا جس نے نہایت خلوص سے دُکھی انسانیت کے زخموں پر مرہم رکھنے کی کوشش کی۔ یہ امر کس قدر لرزہ خیز اور اعصاب شکن ہے کہ بے گناہ افراد کو محض حلیے کی مشابہت کی بنا پر جبر کے پاٹوں میں پیس دیا جائے کہ ان کے آبا و اجداد نے ماضی میں شقاوت آمیز ناانصافیوں کا ارتکاب کیا تھا اور موجودہ دور کے ظالم ان کا نشانہ بنتے رہے ۔اپنے بلاجواز انتقام کے لیے یہ دلیل دی جائے کہ چونکہ ان کے خاندان نے ماضی میں ظلم سہے ہیں اس لیے اب وہ نسل در نسل ان مظالم کا انتقام لیں گے اور اپنے آبا و اجداد کے دشمنوں کی زندگی اجیرن کر کے انھیں ماضی کے تلخ سمے کے سم کا ثمر کھانے پر مجبور کر دیں گے۔ پروفیسر ڈاکٹر محمد بیگ احساس نے سادیت پسندوں پر واضح کر دیا کہ کسی کو اذیت و عقوبت میں مبتلا رکھنے کی بھی حد ہونی چاہیے۔ اس سے پہلے کہ مظلوموں کے صبر کا پیمانہ لبریز ہو جائے فسطائی جبر کو اپنے انتہا پسندانہ روّیے پر غور کرنا چاہیے۔ زندگی کا ساز

بھی ایک عجیب اور منفرد آہنگ کا حامل ساز ہے جو پیہم بج رہا ہے مگر کوئی اس کی صدا پر کان نہیں دھرتا۔ کُوڑے کے ڈھیر سے جاہ و منصب کے استخواں نوچنے اور بھنبھوڑنے والے خارش زدہ سگانِ راہ نے تو لُٹیا ہی ڈبو دی ہے۔ اس قماش کا جو بھی مسخرہ درِ کسریٰ میں داخل ہوتا ہے طلوعِ صبحِ بہاراں کی نوید عشرت آگیں لے کر غراتا ہے کہ ماضی کے فراعنہ کے برعکس اس کا مقصد لُوٹ مار، غارت گری، انسان دشمنی، اقربا پروری اور قومی وسائل پر غاصبانہ تسلط نہیں بل کہ وہ افراد کی آزادی، تعلیم، صحت اور خوش حالی پر اپنی توجہ مرکوز رکھنے کو اپنی اولین ترجیح قرار دیتا ہے۔ یہ ایک طرفہ تماشا ہے کہ فقیروں کے حال جُوں کے تُوں رہتے ہیں مگر بے ضمیروں کے سدا وارے نیارے رہتے ہیں۔ سادہ لوح عوام کو سبز باغ اور حسین خواب دکھانے والے بھی ماضی کی طرح حقائق کو سرابوں کی بھینٹ چڑھا کر اپنی اپنی راہ لیتے ہیں۔ اپنے مطالعات میں پروفیسر ڈاکٹر محمد بیگ احساس نے تاریخ کے مسلسل عمل، ریاستوں اور سامراجی تناظر کو ہمیشہ پیشِ نظر رکھنے پر زور دیا۔ بوڑھا باپ اپنے نوجوان کو یہ نصیحت کرتا ہے کہ وہ قناعت اور شانِ استغنا کے ساتھ زندگی بسر کرنے پر توجہ مرکوز رکھے مگر نوجوان دیارِ مغرب کو للچائی ہوئی نگاہ سے دیکھتا ہے اور اپنی ضد پر قائم رہتا ہے۔ افسانہ "دھار" کے کردار ریٹائرڈ بوڑھے ملازم کا بیٹا جب مغربی ملک جانے کی ٹھان لیتا ہے تو باپ اور بیٹے میں ہونے والے تکلم کے سلسلوں کو پروفیسر ڈاکٹر محمد بیگ احساس کی نفسیات دانی کی عمدہ مثال قرار دیا جا سکتا ہے:

"کیوں جانا چاہتے ہو؟"

"ظاہر ہے بہتر مستقبل کے لیے۔"

"کیوں کیا یہاں تمھارا کوئی مستقبل نہیں ہے؟"

"نہیں پاپا، ہمارے ملک کو اعلیٰ تعلیم یافتہ سوچنے والے ذہن کی ضرورت نہیں

ہے۔"

"وہاں بھی تو اعلیٰ تعلیم یافتہ لوگ چھوٹے چھوٹے کام کرتے ہیں۔"

"وہ عبوری دور ہوتا ہے پاپا۔ پیسہ بھی معقول ملتا ہے۔"

"تو تم پیسہ کمانا چاہتے ہو؟"

"ہاں پاپا! پیسہ موجودہ دور کی سب سے بڑی حقیقت ہے۔" (افسانہ، دھار، مشمولہ ،دخمہ، صفحہ ۱۰۱)

مادی دور کی قباحتوں کے باوجود انسانیت نوازی پروفیسر ڈاکٹر محمد بیگ احساس کے مزاج کا اہم وصف تھا۔ اُن کے نزدیک انسانیت نوازی کا ارفع معیار یہ تھا کہ جبر و استبداد کے خلاف بھرپور مزاحمت کی جائے، عوج بن عنق کو اس کی اوقات یاد دلائی جائے اور مرگ آفریں استحصالی قوتوں کے مذموم ہتھکنڈوں اور بے رحمانہ انتقامی کارروائیوں کو ناکام بنانے کے لیے تمام وسائل کو بروئے کار لاتے ہوئے کسی قربانی سے دریغ نہ کیا جائے۔ پروفیسر ڈاکٹر محمد بیگ احساس کو ہر ظالم سے اسے شدید نفرت تھی اور وہ چاہتے تھے کہ معاشرتی زندگی سے ان تمام شقاوت آمیز ناانصافیوں کو بیخ و بن سے اکھاڑ پھینکا جائے جن کے باعث تاریخِ انسانی کا سارا منظر نامہ ہی گہنا گیا ہے۔ تاریخ اور اس کے پیہم رواں عمل پر اُن کا پختہ یقین تھا لیکن اس بات پر وہ ملول اور آزردہ تھے کہ تاریخ کے اس پیہم رواں عمل کو فاتح، غالب، غاصب اور جارحیت کی مرتکب طاقتوں نے من مانے انداز میں مسخ کر کے اس کا حلیہ ہی بگاڑ دیا ہے اور اس کے متعدد واقعات محض پشتارۂ اغلاط بن کر رہ گئے ہیں۔ اُنھوں نے ذوقِ سلیم سے متمتع اپنے قارئین کی ذہنی بیداری کا اس طرح اہتمام کیا کہ وہ اپنے حقوق کے حصول کے لیے جہد و عمل پر مائل ہو گئے۔ اپنے افسانوں میں پروفیسر ڈاکٹر محمد بیگ احساس نے واضح کر دیا کہ قارئین کے دلوں کی بیداری اور فکر و

نظر کو مہمیز کرنا وقت کا اہم ترین تقاضا ہے۔ اس کہانی کے بوڑھے کردار کے اعضا مضمحل ہو گئے ہیں اور عناصر کا اعتدال بھی رخصت ہو چکا ہے اس کے باوجود وہ اپنے مستقبل سے مایوس نہیں اور نئے امکانات کی جستجو جاری رکھتا ہے۔ ریٹائرڈ سرکاری ملازم کا کردار صبر و تحمل، محنت کی عظمت، کفایت شعاری اور مستقل مزاجی کی مثال ہے۔ انسانی زندگی، معاشرے اور تہذیب و ثقافت کا کہانیوں سے گہرا تعلق ہے پروفیسر ڈاکٹر محمد بیگ احساس نے کہانی کے اس معمر کردار کے بارے میں حقائق بیان کرتے ہوئے ایسا انداز اپنایا ہے کہ صداقتیں اور حکایتیں اپنی معجز نما رنگ آمیزی سے قاری کو مسحور کر دیتی ہیں۔ افسانہ نگار نے اس ضعیف کردار کی جانفشانی کا احوال اس انداز میں بیان کیا ہے کہ قاری چشمِ تصور سے اُسے مصروفِ عمل دیکھ لیتا ہے۔:

"اُس نے دھیرے دھیرے زندگی جوڑی۔ شہر سے دُور ایک ہاؤزنگ سوسائٹی کے تحت زمین خریدی اور برسوں میں رفتہ رفتہ گھر بنایا۔ پندرہ بیس برس میں اس علاقے کی صورت بدل کر رہ گئی۔ اب وہ شہر کا ایسا حصہ بن گیا تھا جس کی بے حد مانگ تھی۔ کالونی میں سب اُس کے جاننے والے تھے۔" (افسانہ دھار، مشمولہ، دخمہ، صفحہ ۹۷)

سفاک ظلمتوں میں ستارۂ سحر دیکھنے کی تمنا کرنے والے ایک رجائیت پسند ادیب کی حیثیت سے پروفیسر ڈاکٹر محمد بیگ احساس نے اس حقیقت کی جانب متوجہ کیا کہ یاس و ہراس کا شکار ہونے والے دراصل شکست خوردہ ذہنیت کے مالک ہیں۔ سعیٔ پیہم، عزم صمیم اور امید کا دامن تھام کر ناممکن کو ممکن بنایا جاسکتا ہے وہم و گمان کو صداقت میں بدلا جاسکتا ہے اور خواب کو حقیقت کا روپ دیا جاسکتا ہے۔ کاروانِ ہستی کے تیز گام رہرو اپنی راہ میں حائل ہونے والی ہر رکاوٹ کو ضربِ کلیمی سے کچلتے ہوئے آگے بڑھتے چلے جاتے ہیں۔ یگانۂ روزگار فضلا کی زندگی کے مطالعہ سے اس حقیقت کا ادراک ہوتا ہے کہ سیلِ

زماں کے تھپیڑے اس عالمِ آب گِل کی ہر چیز کو تہس نہس کر دیتے ہیں مگر اکثر ایسا بھی ہوتا ہے کہ ریگِ ساحل پر نوشتہ وقت کی کچھ تحریریں لوحِ جہاں پر انمٹ نقوش ثبت کر کے اپنا دوام ثبت کر دیتی ہیں۔ ایسے انسان نایاب ہوتے ہیں جن کی انسانیت سے قلبی وابستگی اور والہانہ محبت انھیں اہلِ عالم کی نظروں میں معزز و مفتخر کر دیتی ہے۔ دُکھی انسانیت کے ساتھ بے لوث محبت دردمند اور درد آشنا انسان کو بے خوف و خطر نارِ نمرود میں جست لگانے کا حوصلہ عطا کرتی ہے۔ اس حقیقت سے انکار نہیں کیا جا سکتا کہ مرگِ ناگہانی کے اندیشوں، وسوسوں اور خوف کے سوتے زندگی کی ڈر سے پھوٹتے ہیں لیکن بھرپور زندگی بسر کرنے والے الوالعزم انسان یہ سمجھتے ہیں کہ وہ موت پری کے منگیتر ہیں اور اجل کو چوڑیاں پہنانے کے لیے ہمہ وقت تیار رہتے ہیں۔ زینۂ ہستی سے اُتر کر عدم کی بے کراں وادیوں کی جانب کسی کا سدھار جانا اتنا بڑا سانحہ نہیں بل کہ سب سے بڑا المیہ یہ ہے کہ ہماری زندگی میں جس وقت درخشاں اقدار و روایات نے دم توڑا تو یہ سانحہ دیکھنے کے بعد ہم کیسے زندہ رہ گئے۔ پروفیسر ڈاکٹر محمد بیگ احساس نے زندگی کی حیات آفریں اقدار و روایات کے تحفظ کو اپنا نصب العین بنا رکھا تھا۔ موت ایسے لوگوں کی زندگی کی شمع گُل نہیں کر سکتی بل کہ ان کے لیے تو موت ایک ماندگی کا وقفہ ہے جس کے بعد ان کے افکار کی تابانیوں کا ایک غیر مختتم سلسلہ شروع ہوتا ہے جو جریدۂ عالم پر ان کی بقائے دوام کو یقینی بنا دیتا ہے۔ یہ ایک مسلمہ حقیقت ہے کہ جس طرح پرتوِ خور سے شبنم کے قطرے ہوا میں تحلیل ہو جاتے ہیں مگر اگلی صبح لالہ و گُل کی پنکھڑیوں پر پھر شبنم کے قطرے موجود ہوتے ہیں۔ اسی طرح طلوعِ صبح کے وقت شمع بالعموم گل کر دی جاتی ہے اور دن بھر کے سفر کے بعد شام ہوتے ہی پھر فروزاں کر دی جاتی ہے۔ اُسی طرح پروفیسر ڈاکٹر محمد بیگ احساس کے خیالات کی شمع ہمیشہ فروزاں رہے گی اور اس کی شخصیت

کی عنبر فشانی سے قریۂ جاں سدا معطر رہے گا۔ پروفیسر ڈاکٹر محمد بیگ احساس کے افکار کی بازگشت لمحات کے بجائے صدیوں پر محیط ہو گی۔

ماخذ

1 . Edward W Said:Representation of the Intellectual,Vintage Books,New York,1996,Page,50

***

سانسوں کے درمیان کا ایک تجزیہ

نثار انجم

سانسوں کے درمیان

افسانہ: بیگ احساس

وہ عجیب سی ذہنی حالت میں جی رہا تھا۔

ایسی حالت جس میں وہ معمول کے مطابق ہر عمل کر رہا تھا لیکن وہ عمل اس کی یادداشت کا حصہ نہیں بن رہا تھا۔ خواب خواب کیفیت، جیسے بہت زیادہ نشے میں ہو. سب کچھ یاد رہتا ہے لیکن کہیں کہیں درمیانی کڑیاں غائب ہو جاتی ہیں۔ سب کچھ نظر آتا ہے لیکن دھندلا دھندلا۔۔۔ وہ گفتگو بھی کرتا تھا۔ جواب بھی سنتا تھا لیکن الفاظ گہرے کنویں میں گرتے جاتے اور آواز اندر سے آتی مبہم مبہم سی۔۔۔ وہ چلتا تھا لیکن جیسے زمین سے دو اِنچ اوپر چل رہا ہو۔۔۔

وہ آفس میں بیٹھا کسی اہم فائل سے جوجھ رہا تھا۔ سپرنٹنڈنٹ نے بتایا کہ اس کا فون ہے۔ اس فون کو سننے کے بعد وہ اس کیفیت میں پہنچ گیا تھا ایک عجیب سے زون میں!

دو باتیں پورے حواس پر غالب تھیں۔

ابا پر دورہ پڑا ہے۔ وہ شہر کے سب سے بڑے سوپر اسپیشالیٹی ہاسپٹل کے ICU میں ہیں۔ وہ ہسپتال پہنچا۔ دھندلے دھندلے چہرے، جانی پہچانی آوازیں، تسلیاں،

دلاسے ، وارڈ بوائز ، نرسیں ، لفٹ ۔۔۔ آئی سی یو کا دروازہ ، دربان ، ابا کی بند آنکھیں۔ ناک میں نلیاں ، آکسیجن ، ماسک ، گلوکوز ، ڈسپوزیبل انجکشن ، گلاوزیس ، ای سی جی کے مشین کے اسکرین پر دوڑتی ہوئی ٹیڑھی میڑھی لکیریں۔ نبض کی رفتار بتانے والے ڈوبتے اُبھرتے ہندسے ۔۔۔ پھر ماضی کی مٹی مٹی سے تصویریں ۔۔۔ ہر تصویر ابا کے کلوزاپ پر ختم ہوتی۔ کلوزاپ بڑھتے بڑھتے صرف آنکھیں رہ جاتیں، بند آنکھیں ۔۔۔!!

پھر ابا نے آنکھیں کھولیں اور آنکھوں نے اسے پہچانا بھی۔ آنکھیں کھلتے ہی منظر واضح ہونے لگا۔ الفاظ کنویں سے باہر آئے۔ آوازیں صاف سنائی دینے لگیں ، ابہام کی تہیں کھلیں۔ لفظوں سے جملے بنے ۔۔۔ اس کے پیر زمین سے لگے۔ پیروں کے نیچے بڑا خوب صورت فرش تھا۔ ٹھنڈا ۔۔۔!! اب سب کچھ فوکس میں تھا ۔۔۔ وہ کمرہ بہت خوب صورت تھا خوب صورت بیڈ تھا۔ جس پر ابا لیٹے تھے۔ سفید چادر ، نرم تکیے ، ابا کا وجود اب بھی نلکیوں سے جڑا ہوا تھا، آنکھیں بند تھیں۔ ایک طرف ایک خوب صورت تخت بچھا ہوا تھا۔ ایک گوشے میں ٹی وی رکھا تھا۔ ایک بالکنی جیسا حصہ تھا جس میں بید کی کرسیاں رکھی ہوئی تھیں۔ شیشے کی ٹیبل پر تازہ پھولوں بھرا گلدستہ ۔۔۔ شان دار پردے ، ایر کنڈیشنر ، اٹیچڈ باتھ روم ، شاور ، گیزر ، ٹائلز ۔۔۔! اس پورے کمرے میں اگر کوئی شے بے تکی تھی اور کمرے کے ساز و سامان کے ساتھ میل نہیں کھا رہی تھی تو وہ ان دونوں کے وجود تھے۔ وہ اور اس کی بیوی !! معمولی سے میلے کچیلے کپڑے ، پرانی سستی گھسی ہوئی چپلیں ۔۔۔ اُلجھے ہوئے بال ، ستے ہوئے چہرے۔ اس نے کمرے کو دیکھا۔

"ہم یہاں کیسے آ گئے ۔۔۔" اس نے بیوی سے پوچھا۔

"ICU سے بابا کو یہاں منتقل کیا گیا، پیئنگ روم میں"۔ اس کی بیوی نے حیرت سے کہا۔

"پیئنگ روم میں !"

اس کا ہاتھ بے اختیار اپنی جیب کی طرف گیا۔ کافی اچھی رقم جیب میں موجود تھی۔ دھند چھٹ گئی تو کئی چہرے واضح ہوئے، اس کی بہن کا چہرہ، بھانجے کا چہرہ، دوست کا چہرہ۔۔۔ چھوٹے بھائی کا چہرہ جو ریاض میں رہتا ہے۔۔۔ ٹیلی فون، دستک، ہنڈی والا ۔۔۔ نوٹوں کے بنڈل۔۔۔ تب ہی تو سوپر اسپیشالیٹی ہاسپٹل، ICU اور ابا نے آنکھیں کھولیں۔۔۔ اس کے پیر بھی زمین سے لگے ورنہ۔۔۔؟

اس نے کمرے میں لگے آئینے میں خود کو دیکھا۔۔۔ وہ تو یہاں کے تیسرے درجے کے ملازم سے بھی بدتر لگ رہا تھا۔ اسے بڑی شرم محسوس ہوئی۔۔۔ اب تو ابا خطرے سے باہر آگئے ہیں۔ اپنی بیوی سے کچھ کہے بغیر وہ نیچے گیا۔ پہلی بار اس نے ہسپتال کی لابی کو غور سے دیکھا۔ حالاں کہ وہ ان تین دنوں میں کتنی بار یہاں سے گزرا تھا۔ لیکن اس کا وجود زمین سے دو انچ اوپر تھا۔۔۔ کیا شان دار ہال تھا۔ چھت سے لٹکا ہوا خوب صورت شینڈلیر ، چکنا فرش۔۔۔ صوفے۔۔۔ خوب صورت لڑکیاں اور خوب رو لڑکے مختلف کاؤنٹرس پر بیٹھے تھے بالکل کسی فائیو اسٹار ہوٹل کی طرح۔۔۔ وہ باہر نکل آیا۔ شیو بنوایا۔۔۔ کچھ ڈھنگ کے کپڑے ضروری ہیں۔۔۔ کتنا بُرا لگ رہا ہے، وہ ہسپتال وہ کمرہ۔۔۔ اپنے لیے ایک کرتا پاجامہ خریدنے کے لیے دکان میں گھسا تو ایک اچھی سی شرٹ اور پینٹ بھی دکان دار نے پیاک کر دیے۔ ایک اچھی سی چپل خریدی۔ بیوی کی چپلیں بھی گِھس گئی تھیں اس کے لیے بھی چپل خریدی۔ ایک اچھی سی میکسی اس کا بھی بھرم رکھ سکتی ہے۔ یہ سب کر کے وہ جلد ہی واپس آگیا۔ پتہ نہیں کب اس کی ضرورت پڑ جائے۔ ابا سکون سے سو رہے تھے۔ پہلے وہ نہانا چاہتا تھا۔ باتھ روم دیکھ کر اسے گدگدی سی ہونے لگی۔ اس نے گیزر آن کیا۔ پہلی بار اس نے خود کو آئینے میں بے لباس دیکھا تھا۔ زمین پر بھیجا ہوا آدم،

شاور کھولا۔ نیم گرم پانی کی بوندیں ایک بے آواز آہنگ پیدا کر رہی تھیں۔ اوپر تک یہ آہنگ پہنچا۔ ایک تصویر بنی۔ پتہ نہیں کب سے یہ لاشعور میں آکر چھپ گئی تھی کوئی میگزین، کوئی فلم کا منظر۔۔۔ ایک مرد اور ایک عورت شاور کے نیچے بے لباس نہار ہے تھے۔ اسی دھندلی سی کیفیت میں اس نے کمرے میں موجود عورت کو آواز دی۔ بڑے پس و پیش کے بعد وہ تصویر بن پائی۔ شاور کی پھوار کے نیچے دو بے لباس بدن۔۔۔ اس عورت کے بدن میں کتنا کساؤ ہے۔ وہ کسی کی موجودگی کا خوف بھی دلا رہی تھی۔ مزاحمت بھی کر رہی تھی اس کی بیوی تو ایک دم سرینڈر ہو جایا کرتی ہے۔ اس پر وہی کیفیت طاری ہونے لگی۔ وہ اس زون میں پہنچ گیا۔ لفظ کنویں میں گرتے جا رہے تھے۔ سرگوشیاں گونج میں تبدیل ہو رہی تھیں۔ اس کا وجود زمین سے اوپر اُٹھ گیا تھا۔ اس دھندلی فضا میں ایک عورت کا بدن تھا، صرف بدن۔۔۔ اسی کیفیت میں بھیگے جسموں کے ساتھ وہ تخت پر گر گئے۔۔۔ طوفان تھما تو پیر زمین سے لگے۔ اس نے اپنی بیوی کو چادر سے ڈھک دیا خود باتھ روم میں گھس گیا۔ آہستہ آہستہ اپنی دنیا میں لوٹنے لگا۔ اسے احساس ہوا کہ لوگ ہنی مون کیوں مناتے ہیں۔ کتنے عرصے بعد آج وہ ایک حقیقت تک پہنچا تھا۔ کتنے راز عیاں ہوئے تھے۔ کتنے زاویوں سے باخبر ہوا تھا۔ کتنی پرتیں اس نے ہٹالی تھیں۔ یہ لمحے اس کی زندگی میں نہ آتے تو اس کا اپنا سب کچھ اس چھوٹے سے کمرے کی تاریکی میں دفن ہو کر رہ جاتا۔ اچھا ہوا کہ اس پورے عمل میں ابّا بیدار نہیں ہوئے۔ وہ خوف سے کانپ گیا۔ نہا کر اس نے نیا کرتا پاجامہ پہنا ابّا کے پاس جا کر بیٹھ گیا۔ وہ سکون سے سو رہے تھے۔۔۔ مشین پر بنتی لکیروں کی لہروں میں تناسب تھا۔ وہ خود کو ہلکا پھلکا محسوس کرنے لگا۔ ایک نئی قسم کی سرشاری تھی۔ اس کی بیوی بھی نہا کر آگئی۔ نئی میکسی پر بہت جچ رہی تھی۔ اس نے بیوی کو قریب بلایا۔ ایک ہلکا سا بوسہ !!

"اگر ابّا کی آنکھ کھل جاتی تو؟" اس کی بیوی نے شرماتے ہوئے کہا۔

وہ ہنسنے لگا۔۔۔ "آپ پر تو جیسے کوئی بھوت سوار ہو گیا تھا"۔ اس کی بیوی نے شکایت بھرے لہجے میں کہا۔

"تم بیٹھو یہاں میں چائے کے لیے کہہ آتا ہوں۔۔۔"

اس نے باہر نکل کر انچارج نرس سے پوچھا۔ اس نے کہا کہ وہ فون پر کینٹین کا نمبر ملا کر آرڈر کر دے۔ اس نے یہی کیا۔۔۔ پورا ٹی پاٹ آگیا۔ ڈکاکشن، دودھ، چینی۔۔۔ اس نے دو پیالی چائے پی۔۔۔ تھوڑی دیر بعد بیرہ بل لے آیا۔ اس نے پیسہ دینا چاہا تو بیرے نے کہا وہ صرف سائین کر دے حساب بعد میں ہو گا۔۔۔

شام ہو رہی تھی، وزیٹرس ٹائم شروع ہونے والا تھا۔ اس نے اپنی بیوی سے کہا کہ اس سے قبل کہ بچے یہاں آجائیں وہ گھر جائے گا۔ بچوں کا حلیہ درست کرنا ضروری تھا۔۔۔ وہ بچوں کو بازار لے گیا۔ صرف عیدوں کے موقع پر یا خاندان میں کوئی اہم شادی ہو تو وہ کپڑے خریدتے تھے۔ بچوں کو حیرت ہوئی۔ ایک اچھی سی ریڈی میڈ کپڑوں کی دکان پہنچ کر اس نے بچوں سے کہا کہ وہ اپنے لیے کپڑے پسند کریں۔ اس کی بیٹی نے جھجکتے ہوئے کہا وہ جینس اور ٹی شرٹ خریدے گی۔ کیا حرج ہے اس نے سوچا کالج کی سبھی لڑکیاں پہنتی ہیں۔ ٹی شرٹ اگر لمبی ہو تو دائرے اور زاویے بھی نہیں بن پاتے۔ اس نے منع نہیں کیا۔۔۔ لڑکے نے بھی دو اچھے جوڑے پسند کیے۔ ڈھنگ کے جوتے خریدے۔ بیٹی نے لڑکیوں کی اور کئی چھوٹی موٹی چیزیں خریدیں، وہ بے نیازی سے بل ادا کرتا رہا۔ قریبی بیکری میں بچوں کو پزا کھلایا، خود برگر پر اکتفا کیا، کول ڈرنک۔۔۔! بچے کتنے خوش تھے۔

جب وہ دواخانہ آیا تو بیوی نے بتایا سبھی آئے تھے وقت ختم ہونے تک بیٹھے رہے

ڈاکٹر بھی راؤنڈ پر آیا تھا۔

"کتنے دن رہنا پڑے گا؟"

"دو تین دن لگ جائیں گے" بیوی نے کہا اس نے اطمینان کی سانس لی۔۔۔

بیوی نے بتایا کہ وزٹینگ آور میں کیا خوب صورت اور اونچے گھرانوں کے لوگ آتے ہیں۔۔۔ پھلوں کی ٹوکریاں اور بکے لیے ہوئے۔۔۔

رات دیر گئے تک وہ ٹی وی دیکھتا رہا۔ آواز اس نے بالکل کم کر دی تھی۔ زندگی میں کبھی فرصت ہی نہیں ملی کہ چین سے ٹی وی دیکھتا۔ کیا کیا چیانلس تھے، کیا قیامتیں تھیں ۔۔۔ بار بار اس کا وجود زمین سے اوپر اُٹھنے لگتا۔ یہ مغربی لڑکیاں، اخروٹی بال، دراز قد، متناسب الاعضا۔۔۔ جسم دکھانے کے فن سے واقف، میوزک چیانل، فیشن چیانل۔۔۔ کمرے میں موجود عورت اس کے شانے پر سر ٹکائے اس کے ساتھ بیٹھی تھی۔۔۔ بہت رات ہونے کے بعد وہ سوئے۔۔۔ رات بھر وہ ان حسیناؤں کو اس عورت میں تلاش کرتا رہا۔

صبح دستک پر جاگا۔ اس نے بیوی کا بدن چادر سے ڈھانک دیا۔ نرس تھی۔ نرس نے ٹمپریچر لیا۔ بلڈ پریشر چیک کیا۔ پھر صفائی کرنے والے آئے ۔۔۔ ہاؤز کیپنگ والے آئے۔ چادریں بدل دی گئیں۔۔۔ دونوں نہا کر تیار ہوگئے۔ ابّا بھی آنکھیں کھولے بیٹھے تھے۔ بات ابھی بھی نہیں کر رہے تھے۔ اس نے ناشتے کا آرڈر دیا۔ ڈاکٹر بھی راؤنڈ پر آیا۔ اس نے دفتری انگلش میں ابّا کی حالت پوچھی۔ تشویش کی کوئی بات نہیں تھی. سب کچھ ٹھیک ٹھاک تھا۔ ڈاکٹر نے بتایا کہ دو تین دن تو آبزرویشن میں رکھنا ضروری ہے۔ ڈاکٹر کے جانے کے بعد بیوی نے کہا کچھ پیسے چاہیے۔

"کیوں؟"

"بیوٹی پارلر جاؤں گی"۔

"کیوں؟"

"بال بنواؤں گی۔۔۔ اس لمبی ڈاکٹر کی طرح۔۔۔ آئی بروز بھی بنوانا ہے۔ مینی کیور، پیڈی کیور۔۔۔

"اس کی کیا ضرورت ہے؟"

"یہاں رہنے تک تو بھرم رکھنا ہوگا نا؟"

وہ چپ ہو گیا۔ اس کی بیوی نے پیسوں کے بنڈل سے کتنے نوٹ نکالے اس نے دیکھنا مناسب ہی نہیں سمجھا۔۔۔ بیوی پیسہ لے کر چلی گئی۔

وہ اپنے والد کے قریب بیٹھ گیا۔ وہ اسے آنکھیں کھولے ایک ٹک دیکھنے لگے۔ کچھ کہا بھی لیکن اسے سمجھ میں نہیں آیا۔۔۔ وہ ہولے ہولے سر دبانے لگا۔

وزیٹرس کا وقت شروع ہوا تو سب سے پہلے اس کے بچے آئے۔

"ڈیڈی۔۔۔" لڑکی نے خوشی سے آواز دی۔۔۔ وہ نظر بھر کر دیکھ نہیں پایا۔ اسٹر یچ پائنٹ اور ٹی شرٹ میں سے کتنے چھپے ہوئے راز عیاں ہو رہے تھے۔

"کیسی لگ رہی ہوں" بیٹی نے قریب آکر پوچھا اور اس سے لپٹ گئی تو وہ جھجک گیا۔

"ہاؤ اِز گرینڈ پا۔۔۔"

"ٹھیک ہیں بیٹا سو رہے ہیں"۔

لڑکا بھی بہت اسمارٹ لگ رہا تھا۔ اس کی دلچسپی باہر کھڑی نرس میں زیادہ تھی۔

"بیٹھو۔۔۔"

اس نے فون کر کے کچھ چکن پیٹیز اور کول ڈرنکس کا آرڈر دیا۔ اس کی بہنیں اور بھانجے بھانجیاں بھی آگئیں۔ اس نے چکن پٹیز کی تعداد بڑھادی، کول ڈرنکس کی جگہ

چائے کا آرڈر دیا۔ سب ہاسپٹل کے ڈسپلن اور انتظامات کے بارے میں باتیں کرنے لگے۔ چکن پٹیز بھی سب کو پسند آئیں، پھوپھیوں نے دونوں بچوں کو پیار کیا۔

"ہائے بنٹی کتنی پیاری لگ رہی ہے" سب کے لہجے بدل گئے تھے۔ سب کتنے مہذب لگ رہے تھے۔

"کوثر کہاں ہے" اس کی بیوی کے بارے میں سوال کیا گیا۔

"گھر گئی ہیں"۔

دیکھتے ہی دیکھتے سارا خاندان جمع ہو گیا۔ اس بار چائے بسکٹ کا دور چلا۔ پورے خاندان میں اس کی بیٹی ہیروئن بنی ہوئی تھی۔ اس کی گفتگو کا انداز ہی بدلا ہوا تھا۔۔ وہ کمرہ ؟

وقت اتنی جلد ختم ہو جائے گا کسی کو احساس بھی نہیں تھا۔ سب لوٹ گئے وہ اکیلا رہ گیا۔ ابّا نے سب کو آنکھیں کھول کر دیکھا تھا۔ آنکھوں میں کبھی شناسائی چمک جاتی اور کبھی اجنبیت کا اندھیرا چھا جاتا۔ ابھی وہ بات کرنے کے موقف میں نہ تھے۔۔۔

وہ چپ چاپ بیٹھا رہا۔ دروازے پر دستک ہوئی۔ وہ حیرت زدہ رہ گیا۔ ترشے ہوئے خوب صورت بال ۔۔۔ اسٹارچ دی ہوئی ساری، ناف سے نیچی باندھی ہوئی، چھوٹے سلیوس کا چست بلاؤز۔۔۔! وہ بالکل اس لمبی ڈاکٹر کی نقل لگ رہی تھی۔

"کیسی لگ رہی ہوں؟"

"بہت خوب صورت" اس نے بیوی کو لپٹایا۔

دونوں ٹی وی دیکھتے رہے۔ اپنی بیوی کو اتنا خوش اس نے کبھی نہیں دیکھا تھا۔ ماحول!!

گھر میں کھانا بنانا بند کر دیا گیا۔ صبح لڑکا آتا۔ کینٹین میں ناشتہ کرتا۔ گھر کے دوسرے افراد کے لیے پارسل لے جاتا۔ دوپہر ویسے ہی گزار لیتے۔ شام سنیکس اور جاتے ہوئے

رات کا کھانا۔۔۔

وزیٹنگ آور میں سارے خاندان کے لوگ بڑی پابندی سے آنے لگے تھے۔۔۔ بنٹی کی سہلیاں بھی آجاتیں. وہ انھیں لے کر کینٹین چلی جاتی۔ کبھی لڑکے کے دوست آجاتے۔ لڑکے کی زیادہ توجہ ایک خاص نرس پر تھی۔ اپنے دوستوں کے ساتھ وہ اسے چھیڑا کرتا۔ وہ اپنے دوست سے موبائیل فون بھی لے آیا تھا۔ وہ کہیں بھی رہے ضرور فون کرتا۔ کبھی بچوں کو دواخانے سے فون کرلیتا۔ بڑی سہولت تھی۔ تین دن میں وہ کئی بار ری چارج کرواچکا تھا۔ شام بڑی اچھی گزرنے لگی تھی۔۔۔ تمام رشتہ دار لڑکیاں، بنٹی کی سہلیاں خوب انجوائے کرتیں۔ جنیفر لوپیز، رکی مارٹن، Briteny Spears، میڈونا اور وینگا بوائز کے نئے گیتوں کی باتیں، ملائکہ، ایشوریا اور امرتا اروڑہ کی باتیں، بڑی عمر کے لوگوں کا موضوع ٹی وی سیریلس ہوتے۔۔۔ پورے ہسپتال کا اسٹاف دوست ہو گیا تھا۔ آتے جاتے وقت سبھی سلام کرتے. اسے شاید بہت بڑا آفیسر سمجھنے لگے تھے۔

اس کی بیوی نے ایک مکسی گرائینڈر بھی خرید لیا تھا۔ ایک کولر اور اسفنج کا گدا۔۔۔ کچھ بیڈ شیٹس! ابّا لوٹ کر آئیں گے تو ان کے لیے پھلوں کا رس نکالنا ہو گا۔ آرام دہ بستر بھی ضروری ہے۔

ایک ہفتہ گزر گیا۔ ڈاکٹروں نے ابھی جانے کی اجازت نہیں دی۔ کسی بھی وقت دوبارہ دورہ پڑ سکتا ہے۔ پیسہ ختم ہو رہا تھا۔۔۔ ڈاکٹروں کا کہنا تھا ایک اور ٹسٹ لے کر وہ اطمینان کرلیں گے۔ کم سے کم دو دن تو رکھنا ہی ہو گا۔ کینٹین اور دواؤں کا بل دیکھ کر اس کے پیروں تلے زمین نکل گئی۔

لڑکی کو شکایت تھی کہ اس کی ڈریسنگ ریپیٹ ہو رہی ہے۔ کم از کم دو جوڑے بنائے جائیں۔ بیوی کی ساڑیوں کا اسٹاک ختم ہو رہا تھا۔۔۔

شام میں تمام رشتہ دار اکٹھا ہوئے تو اس نے مسئلہ چھیڑا۔ سب کو سانپ سونگھ گیا۔ جو پیسہ دے سکتے تھے وہ پہلے دے چکے تھے۔ دوسرے اس جھمیلے میں پڑنا نہیں چاہتے تھے۔ آفس سے جتنے لون مل سکتے تھے وہ پہلے ہی لے چکا تھا۔ ریاض والے بھائی نے ابّا کی طبیعت پوچھنے کے لیے روز کی طرح فون کیا تو اس نے سچویشن بتائی۔ اس نے بھی مجبوری کا اظہار کیا۔ اب ایک ہی صورت رہ گئی تھی کہ وہ ابّا کو گھر واپس لے جائے۔ سب نے یہی کہا تھا کہ وہ جو مناسب سمجھے کرے۔۔۔ بڑی بہن چاہتی تھیں کہ ڈاکٹروں کی ہدایت کے مطابق کام ہو۔۔۔

وہ ڈاکٹر سے ملا۔ ڈاکٹر نے کہا کہ صرف دو دن وہ اور صبر کرلے۔۔۔ آبزرویشن ختم ہو جائے گا۔ ان ہسپتالوں کے بارے میں اس نے کیا کیا نہیں سن رکھا تھا۔ جب تک ہزاروں کا بل نہیں بن جاتا وہ کسی پر رحم نہیں کرتے۔ کافی بحث کے بعد ڈاکٹر اس بات پر راضی ہوا کہ وہ اپنی ذمہ داری پر مریض کو لے جاسکتا ہے۔ بل کی ادائیگی کے بعد بہت کم بچا تھا۔ گھر پر بھی تو علاج کروانا ہو گا۔

شام میں وزیٹنگ آور میں صرف اس کی بیٹی اور بہن ہی آئیں۔ ایک سنّاٹا سا تھا۔ اس نے بیٹی سے کہا وہ ابّا کے لیے کمرہ درست کردے۔

"ڈیڈی کیا ہم دو دن اور نہیں رہ سکتے؟"

"نہیں بیٹے بہت مشکل ہے۔ کہیں سے پیسوں کا انتظام نہیں ہوا"۔

لڑکی بھی اُداس ہو گئی۔ اِدھر کچھ دنوں سے وہ خود کو اونچے طبقے کے افراد ہی سمجھنے لگے تھے۔ اس نے بیٹی کے لیے چکن پیٹیز اور چائے منگوائی۔

"ہم کبھی کبھی یہاں سے پیٹیز منگوا لیں گے۔۔۔" اس نے بیٹی کو سمجھایا۔

صبح موٹر کا بھی انتظام کرنا تھا۔۔۔

لڑکی کے جانے کے بعد اس پر عجیب سی کیفیت طاری ہونے لگی۔ ایر کنڈیشنز، ٹی وی ، بالکنی میں رکھی بید کی کرسیاں جہاں سے سارا شہر نظر آتا ہے، وہاں بیٹھ کر چائے پینے کا لطف ہی کچھ اور ہے، اٹیچڈ باتھ روم، شاور، گیزر، ٹائلز۔۔۔

دن بھر کی بھاگ دوڑ کے بعد وہ تھک گیا تھا۔۔۔ وہ نہانے چلا گیا۔ ایک دھندلی سی کیفیت، اس نے کمرے میں موجود عورت کو آواز دی۔ وہ تصویر جلد بن گئی۔ کسی پس و پیش کے بغیر۔۔۔ شاور کے نیچے دوبے لباس بھیگتے بدن، کسی کی موجودگی کا خوف بھی نہیں تھا۔۔۔ لفظ کنویں میں گرتے جارہے تھے۔ سرگوشیاں بازگشت اور گونج میں بدلتی جارہی تھیں۔ اس کا وجود زمین سے اوپر اُٹھنے لگا۔۔۔ دھندلی دھندلی فضا میں سانسیں بڑی تیزی سے چل رہی تھیں۔۔۔ اتنی تیز سانسیں کہ پورا کمرہ گونج رہا تھا۔ وہ اس بدن کو سمیٹے تخت پر آیا۔ سانسیں۔۔ سانسیں۔۔ جیسے کانوں کے پردے پھٹ جائیں گے۔

اس کا وجود دھپ سے زمین پر گرا۔۔ ابّا کی سانسوں سے پورا کمرہ کانپ رہا تھا، دیواریں لرز رہی تھیں۔۔ اس نے جلدی جلدی کپڑے پہنے، پتہ نہیں کب سے وہ بے چین تھے۔ پورا جسم پسینے میں تر تھا۔ آنکھیں چھت کی طرف لگی تھیں۔ زبردست دورہ پڑا تھا۔ اس نے نرس کو پکارا۔۔ نرس ڈیوٹی ڈاکٹر کو لے آئی۔ سب کچھ پلک جھپکتے ہوا۔ کچھ وارڈ بوائے بھی آگئے۔ لیکن جب وہ بڑے ڈاکٹرس کے ساتھ کمرے میں پہنچا تو سناٹا تھا۔۔ سانسوں کا شور ختم ہو چکا تھا۔ ای سی جی مشین پر بے ترتیب لکیریں۔۔ نبض بتانے والے ہندسے۔۔۔!!

ڈاکٹر نے اس کی طرف مایوسی سے دیکھا۔۔۔ کچھ کہا بھی لیکن الفاظ کنویں میں گرتے چلے گئے۔۔۔ اور وہ زمین سے دو اِنچ اوپر اُٹھ گیا۔

٭ ختم شُد... ٭

تبصرہ و تجزیہ

نثار انجم

یہاں تہذیبی زوال کے ملبے پر بیٹھا افسانہ نگار سلگتے احساس کے ساتھ نوحے کرتا ملتا ہے۔

یہ دستک صارفی سماج در فکر پر مسلسل جاری ہے جہاں رشتوں کی عظمت کا چاند ریاکار سماج کی انا کی دھمک اور پراگندگی سے گہنا رہی ہے۔ اخلاقی قدریں سونے کے بوٹے تلے روندی دی جارہی ہیں۔ ایک تہذیب میجر اٹیک کے بعد نیم مردہ کوما کی حالت میں 'سانسوں کی اتھل پتھل کے درمیاں' پڑی ہوئی ہے۔ کوما سے ایک ساعت کے لیے وہ باہر تو آتا ہے لیکن ان سانسوں کے درمیان انسانیت قسطوں پر آہستہ آہستہ مرتی ہے۔ جذبات لہولہان ہوتے ہیں۔ اقدار بھری زندگی کاندھے پر آدمیت، محبت اور انسانیت کی لاش ڈالے جدید معاشرے پر دستک دیتی ہے۔ لیکن جدید معاشرہ خود غرضی کے ہوس ناک محور پر رقصاں کیف و نشاط کے حمام میں بے لباس اور بدمست اس دستک سے غافل ہے۔

زیر مطالعہ افسانہ اسی دستک کی ایک سرزنش ہے۔

بیگ احساس نے افسانہ "سانسوں کے درمیاں" میں انسانی قدروں سے مزاحم اس صارفینی کلچر کا نقشہ نفسیاتی باریکیوں کے ساتھ باپ بیٹے کے رشتوں میں گوندھ کر پیش کیا ہے۔ یہاں اسلوب اور کرافٹ کے ساتھ اس فسوں کو بھی دیکھیں۔ جو لفظ کنویں میں گر رہے ہیں اس کا فسوں دیکھیں۔ وہ کیسے ہلکے اور کھوکھلے ہو رہے ہیں۔

اسپتال میں باپ موت اور حیات کی کش مکش میں ہے. زندگی کی سانسیں مشین پر ٹنگی ہوئی ہیں. مگر بیٹا اور بہو زندگی سے کیسے pleasure کو نچوڑ کر اس رس رنگ اور لذت

کے آخری رس کو بھی کشید کرنے میں جٹے ہیں۔ بیٹا بچوں کو بھی کھلا رہا ہے۔pizza بھی لے رہا ہے۔

یہاں افسانہ نگار کی وہ under lining عنصر کو دیکھیں جو وہ کہنا چاہتے ہیں۔ آج کا فرد خود نمائی اور خود ستائی کا کتنا خوگر ہے۔ اپنے مفاد، مسرت اور تقاضوں کے محور پر کیسے محو خرام ہے۔ اس خاندانی نظام شمشی کا ایک فردی سیارہ اس نظام سے ٹوٹ کر ذہنی طور پر الگ ہو رہا ہے اور اس کے گرد تابع افراد سیارہ اپنے اپنے مفاد اور مسرت کا چاند بن کر کیسے اپنے ہی orbit life میں مست ہیں۔ نظام زندگی کا وہ مرکزی سیارہ بستر پر پڑا افق زندگی کے آخری کناروں پر شفق الوداع کے رنگ چھوڑے جا رہا ہے اور اس کے ذیلی سیارے افق میں گھلے ان مسرت بھرے الوداعی رنگوں میں مے گل خم شام سے وہ سارے مے مسرت اپنے حصے میں باندھ لینے کے فریضے میں مست ہیں۔ اس بدمستی کے یہ مناظر دیکھیں اور احساس کریں کہ باپ بستر مرگ پر highly intensive care والے یونٹ میں اپنی سانسوں کو بحال کرنے کی جدوجہد میں ہے۔ اسے Major attack آیا ہے۔ اور بیٹا اپنی بیوی کو بیوٹی پارلر بھیج رہا ہے۔ اور ایسے موقعے پر بیوی کی وہ حاتم طائی والی فراخ دلی بھی دیکھنے کی چیز ہے۔

کیسی سنگ دلی ہے۔ کردار کے اس نازک موقعہ پر ذمہ دار ہونے کی ضرورت ہے نہ کہ chicken pastries سے لطف اندوز ہونے کی۔

یہاں بین المتونیت اور اس textuality کو دیکھیں۔ جس سماج پر ایک فرض اس کے کاندھے پر ہونا چاہیے جسے اسے حسن وخوبی سے نبھانے کی ضرورت ہے۔ لیکن وہ تو خود نمائی اور خود غرضی کی جکڑ بند میں جان کر جکڑا ہوا ہے۔

صارفیت اور Global village کی لائی ہوئی آسائشوں کا معاشرہ addict ہو چکا

ہے۔مادی چکاچوندی اور لذت نفس بھڑکاؤ کی زد پر ہے۔ نئی تہذیب اب خالی جیب بھی زندگی کو optimist گلاس سے دیکھنے اور ہر جائز اور ناجائز طریقے سے مادی لذت کی عیاشی کی رغبت سے بھرا پڑا ھے۔ معاشرے پر مادی رنگارنگی اور خوش لباسی نے بدمستی کا ایک شامیانہ شوق سوپر ڈی لکس مارکیٹ، پاپ، مال، والٹ ڈزنی لینڈ کے یوٹوپین تصور حیات کے ساتھ اپنے اپنے اسٹال لگائے زندگی کو دعوت عیش دے رہے ہیں۔

خاندانی نظام شمشی کے ایک بڑے سیارے کے دل پر ایک دورہ ایک گرہن کی طرح آتا ہے۔ رشتوں میں اس درد کا احساس تو ہے لیکن جبلت اور خواہشوں کا اندھیرا رشتوں کے اس پاکیزہ روشنی کو نہ چاہتے ہوئے بھی نگلتا رہتا ہے.

"باباکی آنکھیں کچھ دنوں تک اور بند رہتیں۔۔۔۔۔" کی وہ سنگینی دیکھیں۔

بیگ احساس کے افسانہ کے مطالعہ کے دوران ایسا محسوس ہوتا ہے کہ محرومی کی شکار زندگی کو اچانک آئی سی یو میں خواہشوں کے مچلتے ارمان کے اخراج اور دبی ہوئی مسرتوں کو کھل کھیلنے کا پورا موقع مل گیا ہے۔ زندگی کے اس آئی سی یو میں مرکزی کردار اپنے تمام افراد خانہ کے ساتھ اس مسرت بخش بیماری کے بعد سابقہ زندگی کے تمام کینچل اتار پھینکتا ہے۔ احساس محرومی ایک گہری کھائی سے خود کو نکال زندگی کے اس حمام میں بے لباس کر دیتی ہے اور وہ اس بے لباسی میں خفتہ نفسیاتی مسرتوں کے سوتے پھوٹ اٹھتے ہیں۔ جس پر برسوں سے نامناسب حالات کا بھاری پتھر پڑا ہوا تھا۔۔ یہاں قاری اس مسحور کن نفسیاتی جبلتوں سے جکڑے ہوئے اس انسان کو identify کرتا ہے جو اصل میں وہ ہے۔

افسانہ نگار یہاں بیانیہ کے وہ مدھم سرے والے چھوٹے چھوٹے جملوں اور فقروں میں قاری کو اپنی کشش سے باندھے رکھتا ہے۔ نفسیاتی ادراک کی ژرف بینی سماجی شعور اور جبلی فطری رویوں کی عکاسی یہاں دیکھنے کو ملتی ہے۔ یہاں خواہشوں کی تیز آنچ سے جھلسی

انسانی نفسیات کا وہ روپ پیش کیا گیا ہے جو قدروں کی پامالی کے بعد بھی کسی guilt میں مبتلا نہیں ہوتا۔ سب کچھ نارمل سا لگتا ہے۔ قاری کی نفرت کی نشان زدگی کے دائرے میں بھی نہیں آتا۔ لیکن یہاں ہم اس مشرقی قدروں والی دیواروں کے گرنے کی دھمک کو بھی سنتے ہیں، جنسی زندگی پر پنجہ مارنے کے اس کھرونچ کو بھی دیکھتے ہیں، بیوی کے جسم پر چادر ڈالنے کی اس احتیاط اور باپ کے جاگ اٹھنے کے اس معاشرتی ڈر کو بھی، جس کی سانسیں ابھی بھی باقی ہیں۔

شہر کے مشہور ملٹی اسپیشیلٹی اسپتال کے ایک آئی سی یو میں کوما کی حالت میں ہے۔ یہاں گھیسو اور مادھو گرم گرم آلو بدھیا کی دردزہ جیسا ہی سب کچھ تو ہے۔ اس نئے ماحول میں بیٹا خود کو اور افراد خانہ کو اسپتال کے امیرانہ ماحول سے مانوس کرنے کی کوشش کرتا ہے۔ یہ تو افسانے کی بین المتونیت کی اوپری پرت ہے لیکن اصل میں احساس محرومی کو لباس مسرت میں ملبوس کرنے کی اس دبی خواہش کی کارفرمائی ہے اپنے لئے اچھے کپڑے' بیوی اپنے لیے میکسی' بیٹی خود کے لیے جینس ٹاپس۔ رات دیر تک ٹی۔ وی کو ایک نئے تفریحی زاویے سے دیکھنا، یہ نئی تبدیلی تھی جو سوپر ملٹی اسپتال کی نسبت کی وجہ سے زندگی کے شب وروز کے افق پر نئے ستارے ٹانک گئے تھے۔ خود سے بے خبر بیوی میں بھی "بیوٹی پارلر جاکر "بال، آئی بروز، مینی کیور' پیڈی کیور بنانے اور سنوارنے کی دبی خواہش جاگ گی ہے اور انگڑائی لے کر جوان ہو گئ ہے۔

یہ نئے ماحول سے آشنا اور ایک شناخت کی بھوک کا نظام افراد خانہ کی کارخانہ زندگی میں جاری ہو گیا۔

بیگ احساس نے زیر مطالعہ افسانے میں سماجی بھرم بناتے ہوئے نئے کلچر کی اس دکھتی رگ پر انگلی رکھی ہے جو انسانی قدروں سی بے نیاز اس صارفی بے روح

کلچر کا آہستہ آہستہ حصہ بنتے جارہے ہیں۔ ریا، بھرم اور نمائشی نفسیات کی شکار افراد کو اپنی فکر کا موضوع بنایا ہے۔

صارفینی تہذیپ کے اس روشن نظر آنے والے باطنی انھیروں کا منبع کھولا ہے. نمائشی زندگی گذارنے والوں کی اس احساس کم تری پر قابو پانے کے رد عملی حرکیات کو طشت ازبام کیا ہے جو اس خود فریبی عمل میں ایک لمبے سفر کے بعد منھ کے بل گرتے ہیں اور وہ بے منزلی کا شکار ہو کر خالی ہاتھ رہ جاتے ہیں۔ نمائشی زندگی بنائے رکھنے میں اور سوسائٹی کے معیار پر کھرا اترنے میں مقروض ہو کر رہ جاتے ہیں۔اسلوب کا حسن، کرافٹ کی عمدگی ، textuality کی معنوی تہہ داری، تاثر، فسوں اور اس کی غنائیت، اس کی فنتاسیت، اس کی melody اور عصری بصیرت کے تانے بانے میں پرویا ہوا معاشرتی شکست وریخت کی وہ تصویر دیکھیں،

باپ بستر پر پڑا ہوا ہے۔ اس سے ہٹ کر اس کا جو narration آرہا ہے وہ اس سائیکی کو بیان کر رہا ہے جو اکسویں صدی کے فرد کی سائیکی ہے۔

اگر باپ کو اس بیماری سے، اسپتال سے، الگ کر کے اس کو پڑھتے ہیں تو اس کا کوئی عصری relevance نہیں رہ جائے گا۔

لیکن باپ کے ساتھ اس بیانیہ کو پڑھیے، اس افسانے کے ڈسکورس میں تو قاری کو یہ احساس ہو گا کہ آج کا انسان اتنا self centric ہو گیا ہے کہ وہ صرف اپنے بارے میں ہی سوچتا ہے۔

ماضی میں مشرقی تہذیب میں اس طرح کے سلوک کی کیا ہم تصور بھی کر سکتے ہیں۔ کیا ہم سوچ سکتے ہیں باپ بیمار ہے کوئی بیٹا اور بہو ایسے موقعے پر pleasure حاصل کرے گا۔

کتنے tension میں رہتے ہیں ہم لوگ۔اس کے باوجود گھیسو اور مادھو کو دیکھیں انہیں دردزہ کی کوئی اہمیت نہیں تھی. ان کو اپنی بھوک مٹانی تھی۔باپ کو بیٹے پر بھروسہ نہیں. بیٹے کو باپ پر نہیں. اسی خدشے اور عجلت میں حلق جلانے والا وہ آلو بھی نگل جاتے ہیں۔ بیگ صاحب نے ایک عمدہ کرافٹ میں اسی واقعے کو اکسویں صدی کے کرب کی طرح موضوعاتی تنوع topical subjectivity of diversity کے ساتھ پیش کیا ہے جو post colonial era میں فرد اور معاشرے کی social mental status کو بیان کرنے کی کوشش کی ہے اور اس میں عصری reference کے طور پر وہ سارے مناظر آگئے ہیں، صرف کرداروں نے اپنی جگہ بدل لی ہے۔ استعاراتی اور ابہامی کیفیت سے جس طرح افسانے کو بوجھل بنا کر پیش کرنے کا ٹرینڈ عروج پر ہے اس درمیان یہ ایک ایسا عصری فسوں کاری سے مزین افسانہ ہے جس میں آج کے قاری کے مشاہدے کے لیے super multi specialty Hospital بھی ہے، icu بھی ہے۔ خوب صورت نرسیں بھی ہیں اور سڈول six pack والے لڑکے بھی ہیں۔ بیٹا ان خوب صورت نرسوں میں دل چسپی بھی لیتا ہے۔بیٹی جنس اور ٹاپ میں ملبوس گرانڈ پا بھی بولتی ہے۔ یہ عصر حاضر کا ایک complete package افسانہ ہے.

***

پروفیسر ڈاکٹر محمد بیگ احساس:
ہائے کیا لوگ تھے جو دامِ اجل میں آئے

غلام شبیر رانا

صر صرِ اجل سے اردو ناول اور افسانے کے ہمالہ کی ایک سر بہ فلک چوٹی زمیں بوس ہو گئی۔ اردو صحافت میں حریت فکر و عمل کے ایک عہد کا اختتام ہوا۔ اردو ادب میں عصری آگہی پروان چڑھانے کی تحریک کو ناقابل تلافی نقصان پہنچا۔ پس نو آبادیاتی دور میں بھارت میں ہندی کے غلبے کے باوجود اُردو زبان و ادب کے روشن مستقبل کو یقینی بنانے کے خواب دیکھنے والا رجائیت پسند دانش ور اپنی داستاں کہتے کہتے ہمیشہ کے لیے خاموش ہو گیا۔ ادب اور فنون لطیفہ کے موضوعات پر کالم نگاری کی درخشاں روایت اب ماضی کا حوالہ بن کر رہ گئی ہے۔ روح اور قلب کے بدلتے ہوئے روّیوں کے زیرِ اثر مہیب سناٹوں میں کلمۂ حق بلند کرنے والا اور سفاک ظلمتوں میں راستہ دکھانے والا ستارہ افقِ ادب سے ہمیشہ کے لیے غروب ہو گیا۔ سماجی زندگی میں عدم برداشت، معتبر ربط کی غیر اُمید افزا صورتِ حال، انکسار و ایثار کے فقدان اور دردمندی و خلوص کے عنقا ہونے کے کرب پر واضح اسلوب میں لکھنے والا جری تخلیق کار اب ہمارے درمیان موجود نہیں۔ تہذیبی و ثقافتی ارتقا کی مظہر اخوت کے علم بردار اِس یگانۂ روزگار ادیب کے رخصت ہونے کے بعد اب طلوعِ صبح بہاراں کے امکانات معدوم ہونے لگے ہیں۔ اجل کے ہاتھ آنے والے

پروانے کے مشمولات اور مندرجات کے بارے میں حقائق کی گرہ کشائی کرتے ہوئے ہے چشم کشا صداقتوں کی جانب متوجہ کرنے والا مصلح اب ملکوں ملکوں ڈھونڈنے سے بھی نہیں ملے گا۔ الم نصیب جگر فگار خاک نشین گوشہ نشینوں کو عزت نفس کے ساتھ زندگی بسر کرنے کا درس دینے والے منکسر المزاج فلسفی کے نہ ہونے کی ہونی سُن دِل ہی بیٹھ گیا۔ عالمی شہرت کے حامل ادیب اور اردو زبان و ادب کے ممتاز محقق، نقاد اور دانش ور پروفیسر محمد بیگ احساس نے عدم کے کُوچ کے لیے رختِ سفر باندھ لیا علم و ادب کا وہ آفتاب جو دس اگست ۱۹۴۸ء کو حیدر آباد میں مرزا خواجہ حسن بیگ کے گھر سے طلوع ہوا وہ جمعرات نو ستمبر ۲۰۲۱ء کی صبح کو حیدر آباد میں غروب ہو گیا۔ پیراماونٹ کالونی ترپچو کی حیدر آباد کے شہر خموشاں کی زمین نے اردو ادب کے اس آسمان کو ہمیشہ کے لیے اپنے دامن میں چھُپا لیا۔ سیلِ زماں کے مہیب تھپیڑوں نے دیکھتے ہی دیکھتے تنقید و تحقیق ، تدریس و تخلیقِ ادب کے دبستانوں سے وابستہ حقائق کو اس طرح خیال و خواب بنا دیا کہ دنیا بے بسی کے عالم میں دیکھتی کی دیکھتی رہ گئی۔ پروفیسر ڈاکٹر محمد بیگ احساس عارضۂ قلب اور کووڈ سے متعلقہ مسائل کے باعث گزشتہ سترہ روز سے گاچی باری انسٹی ٹیوٹ کے انتہائی نگہداشت کے وارڈ میں زیر علاج تھے۔

اپنے افسانے "دخمہ" میں پروفیسر ڈاکٹر محمد بیگ احساس نے ایک کردار سہراب کی موت اور اس کی آخری رسومات کا ذکر ان الفاظ میں کیا ہے:

"اور آج اطلاع ملی کہ سہراب مر گیا۔

مجھے بار بار یہی خیال آتا تھا کہ "مے کدہ" کے بند ہو جانے کا اس پر بہت اثر ہوا ہو گا۔ اس لیے شاید وہ زیادہ جی نہ سکا ہو۔ میں Guilty محسوس کر رہا تھا۔ اس کا اپنا کوئی نہ تھا۔ دُور کے رشتے دار اور چند احباب تھے۔

پارسی باہر آ رہے تھے۔ سہراب کی برہنہ نعش کو دخمہ کی چھت پر چھوڑ دیا گیا ہوگا۔ میں بار بار آسمان کی طرف دیکھنے لگا۔ بہت سے پارسی بھی رُک گئے تھے۔ اگر گدھ نہ آئیں تو؟ کیا سہراب کی نعش دُھوپ میں سُوکھتی رہے گی؟ کاش سہراب نے الکٹرک بھٹی کو ترجیح دی ہوتی میں سوچ رہا تھا۔

میں نے غیر ارادی طور پر آسمان کی طرف دیکھا۔ مجھے بچپن کا وہ منظر دوبارہ نظر آنے لگا۔ گِدھوں کا ایک جھنڈ تیزی سے دخمہ کی طرف آ رہا تھا۔

پارسیوں کے چہرے خوشی سے کِھل اُٹھے بیس برس بعد یہ منظر لوٹا تھا۔

"پتا نہیں کہاں سے آئے ہیں؟" وہ ایک دوسرے سے سوال کر رہے تھے۔

"اگر فرش پر چینی گِر جائے تو چیونٹیاں کہاں سے آتی ہیں؟" کوئی میرے کان میں پھسپھسایا۔"

موت کے بارے میں اکثر یہی کہا جاتا ہے کہ یہ ہمیشہ زندگی کے تعاقب میں رہتی ہے۔ ادب اور فنون لطیفہ سے وابستہ باکمال ہستیوں نے اپنی موت کی آہٹ سُن کر بھی زندگی کی حقیقی معنویت کو اُجاگر کرنے کی مقدور بھر سعی کی۔ تخلیق فن کے لمحوں میں خون بن کر رگِ سنگ میں اُتر جانے والے پروفیسر ڈاکٹر محمد بیگ احساس جیسے متعدد زیرک تخلیق کاروں نے خونِ دِل دے کے گلشنِ ادب کو اس طرح سیراب کیا کہ اس کے معجز نما اثر سے گلشن ادب میں گل ہائے رنگ رنگ سے سماں بندھ گیا اور ان کی عطر بیزی سے قریہ ٔجاں معطر ہو گیا۔ پروفیسر ڈاکٹر محمد بیگ احساس اس تلخ حقیقت سے آگاہ تھے کہ مشعلِ زیست کے گُل ہونے کے خطرات کو کسی طور بھی ٹالا نہیں جا سکتا لیکن خوف اور اندیشوں کے سم کے مسموم اثرات سے گلو خلاصی ممکن ہے۔ اللہ کریم نے اُنھیں مستحکم شخصیت سے نوازا تھا اس کا واضح ثبوت یہ ہے کہ زندگی کے سفر میں جب بھی

کوئی موہوم ڈر یا اضطراب سد راہ بنتا تو وہ اپنے پاؤں کی ٹھوکر سے اسے دُور کر دیتے اور کبھی دِل میں ملال نہ آنے دیتے۔ اُنھوں نے موت کو کبھی دل دہلا دینے والا لرزہ خیز سانحہ نہیں سمجھا بل کہ وہ جانتے تھے کہ رخشِ حیات مسلسل رو میں ہے، انسان کا نہ تو ہاتھ اس کی باگ پر ہے اور نہ ہی پاؤں رکاب میں ہیں۔ کسی بھی وقت اور کسی بھی مقام پر اس کی روانی تھم سکتی ہے۔ اُن کے افسانوں کے مطالعہ سے یہ معلوم ہوتا ہے کہ وہ یہ واضح کرنا چاہتے تھے کہ ماحول کی سفاکی کے باعث جب آہیں اور دعائیں اپنی تاثیر سے محروم ہو جائیں جائیں تو زندگیاں بھی مختصر ہو جاتی ہیں۔ گلزارِ ہست و بُود میں سمے کے سم کے ثمر سے ایسی فضا پیدا ہو جاتی ہے کہ نرگس کی حسرت کی صدائے بازگشت کرگس کی کریہہ صورت میں دکھائی دیتی ہے اور بقا کی تمنا اپنی ہر ادا سے فنا کے سیکڑوں مناظر سے آشنا کرتی ہے۔ خزاں کے اس نوعیت کے بے شمار تکلیف دہ مناظر کو دیکھنے کے بعد طلوعِ صبحِ بہاراں کی اُمید وہم و گُماں اور سراب سی لگتی ہے۔ پروفیسر ڈاکٹر محمد بیگ احساس کے افسانوں میں نُدرت، تنوع اور جدت پر مبنی خیال آفرینی اور کردار نگاری قاری کو حیرت زدہ کر دیتی ہے۔ کورانہ تقلید سے اُنھیں سخت نفرت تھی اس لیے وہ خضر کا سودا چھوڑ کر اظہار و ابلاغ کی نئی راہیں تلاش کرنے پر اصرار کرتے تھے۔ اُن کی تخلیقی تحریریں کلیشے کی آلودگی سے پاک ہیں۔ افسانوں کے دل کش، حسین اور منفرد اسلوب میں ہر لحظہ نیا طُور نئی برقِ تجلّی کی کیفیت یہ ظاہر کرتی ہے کہ تخلیقِ فن میں اُس کا مرحلۂ شوق پیہم نئی منازل کی جانب رواں دواں رہتا ہے۔ مثال کے طور وہ نئی کہانیوں، نئی صورت حال، نئے کرداروں اور موقع و محل کے مناسب ستعمال سے اپنی تخلیقات کو گنجینۂ معانی کا طلسم بنا دیتے ہیں۔ ان کے افسانوں میں بھنور کے بھید، خیال کی جوت، جھرنے کا ساز، کوئل کی کوک، گیت کی لے، وقت کی نے اور خوابوں کے سرابوں جیسے تذکرے اور زندگی کی کم ما

ئیگی کا احساس قاری پر فکر و خیال کے متعدد نئے در وا کرتا چلا جاتا ہے۔ وہ اچھی طرح جانتے تھے کہ موت کی دیمک ہر فانی انسان کے تن کو چاٹ لیتی ہے۔ وہ چشمِ تصور سے زندگی کی راہوں میں ناچتی، مسکراتی اور ہنستی گاتی موت کی اعصاب شکن صدا سُن کر بھی دِل برداشتہ نہیں ہوتے تھے بل کہ نہایت جرأت کے ساتھ اپنے افسانوں کو تزکیہء نفس کا وسیلہ بنانے پر توجہ دیتے تھے۔۔ حرفِ صداقت سے لبریز اُن کے افسانے اُن کے وسیع تجربات، مشاہدات، داخلی کرب اور سچے جذبات کے آئینہ دار ہیں۔ موت کی دستک سُن کر انھوں نے موت کے بارے میں جن چشم کشا صداقتوں کا اظہار کیا ہے وہ زندگی کی حقیقی معنویت کو سمجھنے میں بے حد معاون ہیں۔ اس کی تخلیقات کے مطالعہ کے بعد قاری کے لیے اپنے آنسو ضبط کرنا محال ہو جاتا ہے۔ اس حساس تخلیق کار کی دلی کیفیات کا اندازہ لگانا مشکل نہیں جو موت کی دستک زنی کے دوران بھی اپنے قلبی احساسات کو پیرایۂ اظہار عطا کرنے میں پیہم مصروف رہا۔

پروفیسر ڈاکٹر محمد بیگ احساس نے اپنی تخلیقی فعالیت سے اردو ادب کی ثروت میں بے پناہ اضافہ کیا۔ معاشرتی زندگی میں افراد کے مذہبی، ذاتی، عمرانی، سیاسی، لسانی اور معاشی مسائل پر اُن کی گہری نظر تھی۔ ان کے افسانوں میں صیاد کے مظالم اور صیدِ زبوں کی حالتِ زار کا چشمِ تصور سے مشاہدہ کرلیتا ہے اور زندگی کے نشیب و فراز کا یہ حقیقی منظر نامہ پڑھ کر قاری مسائلِ زیست سے آگاہی حاصل کرلیتا ہے۔ انھیں اس بات کا قلق تھا کہ حرص وہوس کے بڑھتے ہوئے رجحان کے باعث افراد کی سوچ اور ادراک نے ایسی صورت اختیار کرلی ہے کہ تعمیر میں بھی خرابی کی کوئی صورت سامنے آہی جاتی ہے۔ اردو افسانے کے فروغ کے سلسلے میں اُن کی خدمات تاریخِ ادب میں آبِ زر سے لکھی جائیں گی۔ مخدوم محی الدین (۱۹۰۸ء تا ۱۹۶۹ء) کی تصنیف "بساطِ رقص" سال ۱۹۶۹ء کے، جیلانی

بانو اور گیان سنگھ شاطر (۱۹۹۷ء) کے بعد پروفیسر محمد بیگ احساس سرزمین حیدر آباد سے تعلق رکھنے والے چوتھے ادیب تھے جنھیں ساہتیہ اکادمی ایوارڈ سے نوازا گیا۔

محمد بیگ احساس کے دادا اور پڑدادا مغل فوج میں ملازم تھے۔ مطلق العنان مغل بادشاہ اورنگ زیب نے جب ۱۶۸۷ء میں گول کنڈہ پر دھاوا بولا تو پروفیسر ڈاکٹر محمد بیگ احساس کے اسلاف بھی اس فوج میں شامل تھے۔ جب محمد بیگ احساس کی عمر آٹھ برس تھی تو باپ کا سایہ سر سے اُٹھ گیا۔

محمد بیگ احساس نے سال ۱۹۷۵ء میں عثمانیہ یونیورسٹی حیدرآباد (دکن) سے بی ۔اے کی ڈگری حاصل کی اور اسی جامعہ سے سال ۱۹۷۹ء میں ایم۔اے (اردو) کیا۔ حیدر آباد یونیورسٹی سے سال ۱۹۸۵ء میں پروفیسر گیان چند جین کی نگرانی میں کرشن چندر پر پی ایچ۔ڈی کا مقالہ لکھ کر ڈگری حاصل کی۔

پروفیسر ڈاکٹر محمد بیگ احساس نے اپنی عملی زندگی کا آغاز تدریس سے کیا۔ اس کی تفصیل درج ذیل ہے:

لیکچرار عثمانیہ یونیورسٹی (حیدر آباد دکن): ۱۹۸۴ء، ریڈر عثمانیہ یونیورسٹی (حیدر آباد دکن) ۱۹۹۲ء، پروفیسر عثمانیہ یونیورسٹی (حیدر آباد دکن) ۲۰۰۰ء، صدر شعبہ اُردو، و ڈینعثمانیہ یونیورسٹی (حیدر آباد دکن) سال ۲۰۰۰ء تا سال ۲۰۰۶ء، پروفیسر یونیورسٹی آف حیدر آباد ۲۰۰۶ء، صدر شعبہ اُردو، مرکزی یونیورسٹی آف حیدرآباد، سال ۲۰۰۷ء تا سال ۲۰۱۳ء

بھارت کی متعدد جامعات اور کالجز کی نصابی کمیٹیوں کے رکن کی حیثیت سے انھیں شامل کیا گیا تھا۔ انھوں نے دنیا کے کئی ممالک کا دورہ کیا جن میں پاکستان (۱۹۸۹ء)، برطانیہ (۲۰۰۵ء) اور سعودی عرب (۲۰۰۸ء) شامل ہیں۔ پروفیسر ڈاکٹر محمد بیگ

احساس نے دنیا کے مختلف ممالک میں منعقد ہونے والے متعدد اون لائن ادبی سیمینارز میں شرکت کی اور فروغِ علم و ادب کے سلسلے میں گراں قدر خدمات انجام دیں۔ افسانوں کی تخلیق کے سلسلے میں پروفیسر ڈاکٹر محمد بیگ احساس نے تقلید کی روش سے بچ کر اپنے لیے ایک الگ راہ کا انتخاب کیا۔ وہ کسی دبستان سے وابستہ نہیں تھے مگر اپنی ذات میں ایک انجمن اور دبستان علم و ادب تھے۔ یہی وجہ ہے کہ اُن کی ذات ہی اُن کا اسلوب بن گئی۔ ادب میں نئے تجربات کے وہ ہمیشہ حامی رہے، وہ سمجھتے تھے کہ نئے تجربات سے یکسانیت کا خاتمہ ہوتا ہے اور افکارِ تازہ کی مشعل تھام کر جہانِ تازہ کی جانب سفر کے نئے امکانات سامنے آتے ہیں۔ سال ۱۹۳۶ء میں ترقی پسند تحریک نے اردو افسانہ کو نئی جہات سے آشنا کیا۔ اس کے بعد جدیدیت نے نئے امکانات کی جستجو پر توجہ دی۔ جدیدیت کے علم بردار ادیبوں کے تجربات سے افسانے سے کہانی کی ساخت پر جو کوہِ ستم ٹوٹا پروفیسر ڈاکٹر محمد بیگ احساس کو اس سے اختلاف تھا۔ افسانے میں کہانی کے عنصر کی موجودگی کو وہ وقت کا اہم ترین تقاضا سمجھتے تھے اس موضوع پر وہ گوپی چند نارنگ، وارث علوی اور مغنی تبسم کے خیالات سے متفق تھے۔ پروفیسر ڈاکٹر نثار احمد قریشی نے سال ۲۰۰۶ء ایک اون لائن مذاکرے میں ناظرین کو بتایا:

" بعض صورتوں میں جدیدیت کا دائرہ کار تنقید اور شاعری سے تو مِل جاتا ہے مگر فن افسانہ نگاری جدیدیت کی دسترس سے باہر ہے۔ فن افسانہ نگاری میں تمثیل اور علامت کے استعمال کے باوجود جدیدیت اپنے قدم نہیں جما سکی اور گزشتہ صدی کی ستر کی دہائی میں جدیدیت کوئی بڑا افسانہ نگار سامنے نہ لا سکی۔ پروفیسر ڈاکٹر محمد بیگ احساس نے اردو افسانے کے یک طرفہ رُوپ اور ابہام کی کیفیات پر گرفت کی اور متعدد ایسے کثیر الجہت عناصر کو اپنے افسانوں میں شامل کیا جن کے معجز نما اثر سے کہانی گنجینۂ معانی کا

ایسا طلسم بن گئی جس میں اسرارِ کائنات اور معاشرتی زندگی کے نشیب و فراز کے بارے میں چونکا دینے والی کیفیات سے متعدد حقائق کی گرہ کشائی کی گئی ہے۔ موضوعاتی تنوع کا دھنک رنگ منظر نامہ ان افسانوں کا امتیازی وصف قرار دیا جاسکتا ہے۔"

پروفیسر حاجی احمد طاہر ملک نے افسانوی مجموعہ "دخمہ" کے بارے میں گفتگو کرتے ہوئے بتایا:

"ھندی ادب اور وید پر کامل دسترس نہ ہونے کے باوجود پروفیسر ڈاکٹر محمد بیگ احساس نے اپنے کئی افسانوں میں ان موضوعات پر بات کی ہے۔ دخمہ دراصل پارسیوں کے شہر خموشاں کی لفظی مرقع نگاری پر مبنی ہے۔ اس میں مختلف واقعات کو اس فنی مہارت اور راز داری سے مِلا دیا گیا ہے کہ کہیں بھی تصنع کا شائبہ نہیں ہوتا۔ اپنی کئی کہانیوں میں دیومالائی کے برمحل استعمال سے پروفیسر ڈاکٹر محمد بیگ احساس نے اپنے جن افسانوں میں حیران کن انداز میں زندگی کے تلخ حقائق کو سامنے لانے کی کوشش کی ہے اُن میں "نمی دانم"، "دھار"، "رنگ کا سایہ" اور "شکستہ پر" شامل ہیں۔ مجھے یہ کہنے میں کوئی تامل نہیں کہ افسانہ "دخمہ" کی پروفیسر ڈاکٹر محمد بیگ احساس کے لیے وہی اہمیت ہے جو سعادت حسن منٹو کے لیے "ٹوبہ ٹیک سنگھ"، غلام عباس کے لیے "آنندی"، اشفاق احمد کے لیے "گڈریا"، محمد حسن عسکری کے لیے "چائے کی پیالی" عصمت چغتائی کے لیے "لحاف" اور پریم چند کے لیے "کفن" کی ہے۔ یہ افسانے ان تخلیق کاروں کے منفرد اسلوب کی پہچان بن گئے ہیں۔"

حیدر آباد میں کئی تہذیبوں اور ثقافتوں کا جو پرکشش اجتماع ہے آج تک کسی نے اِس پر توجہ نہیں دی۔ پروفیسر ڈاکٹر محمد بیگ احساس نے اپنے افسانوں میں حیدر آباد کی تہذیبی و ثقافتی اہمیت کا اُجاگر کرنے کی مقدور بھر سعی کی ہے۔ پروفیسر ڈاکٹر محمد بیگ

احساس کے افسانوں کا مطالعہ کرنے سے یہ گمان گزرتا ہے کہ انھوں نے تخلیقِ فن کے لمحوں میں شعور کی رو اور طلسمی حقیقت نگاری سے اثرات قبول کیے ہیں۔

تصنیف و تالیف

۱۔ خوشہ گندم (افسانوی مجموعہ)، زیر اہتمام انجمن معمارِ ادب، حیدر آباد، ۱۹۷۹ء

۲۔ حنظل (افسانوی مجموعہ) مکتبہ شعر و حکمت، حیدر آباد، ۱۹۹۳ء

۳۔ کرشن چندر: شخصیت اور فن (تحقیقی مقالہ)، مکتبہ شعر و حکمت، حیدر آباد دکن

،۱۹۹۹ء

۴۔ شورِ جہاں (تنقیدی مضامین)، مکتبہ شعر و حکمت، حیدر آباد دکن، ۲۰۰۵ء

۵۔ ہزار مشعل بہ کف ستارے (انتخاب) ۲۰۰۵ء

۶۔ مرزا غالب (تعلیم بالغاں) ۲۰۰۴ء

۷۔ بوجھ کیوں بنوں (تعلیم بالغاں) ۲۰۰۴ء

۸۔ شاذ تمکنت (مونوگراف)، ساہتیہ اکادمی، نئی دہلی، ۲۰۱۰ء

۹۔ دکنی فرہنگ (بہ اشتراک ڈاکٹر ایم۔ کے۔ کول) ۲۰۱۲ء

۱۰۔ دخمہ (افسانوی مجموعہ)، عرشیہ پبلی کیشنز، نئی دہلی، ۲۰۱۵ء۔ اُن کے افسانوی مجموعہ "دخمہ" کو سال ۲۰۱۷ء میں ساہتیہ اکادمی ایوارڈ سے نوازا گیا۔

پروفیسر ڈاکٹر محمد بیگ احساس کے منتخب افسانوں کا انگریزی ترجمہ ٹوٹن مکھرجی نے Twlight of the Mind کے نام سے سال ۲۰۰۹ء میں کیا:

بائیس دسمبر ۱۹۷۵ء کو پروفیسر محمد بیگ احساس کی شادی ہوئی۔ اُن کے تین بیٹے اور تین بیٹیاں ہیں۔

اعزازات

۱۔ بھارتیہ گیان پیٹھ ایوارڈ کمیٹی کے رکن (۲۰۱۵ء تا۲۰۱۲ء)

۲۔ اردو اکادمی تلنگانہ کی طرف سے پروفیسر محمد بیگ احساس کو مخدوم ایوارڈ سے نوازا گیا۔

۳۔ پروفیسر ڈاکٹر محمد بیگ احساس کی شخصیت اور اسلوب پر بھارت کی اہم جامعات میں ایم۔فل اور پی ایچ۔ڈی سطح کے متعدد تحقیقی مقالات لکھے گئے۔

۴۔ اردو زبان و ادب کے فروغ کے سلسلے میں ساہتیہ اکادمی کی مشاورتی کمیٹی کے رکن کی حیثیت سے پروفیسر محمد بیگ احساس نے گراں قدر خدمات انجام دیں۔

۵۔ حیدر آباد لٹریری فورم کے معتمد اور صدر کی حیثیت سے پروفیسر محمد بیگ احساس کی خدمات کا ایک عالم معترف ہے۔

۶۔ انٹرنیٹ پر عالمی سطح پر مقبولیت اور پذیرائی حاصل کرنے والے پروگرام "باز گشت آن لائن ادبی فورم" کے سرپرست کی حیثیت سےپروفیسر محمد بیگ احساس نے ادبی جمود کے خاتمے کی مقدور بھر کوشش کی اور ڈاکٹر فیروز عالم، ڈاکٹر گل رعنا اور ڈاکٹر حمیرہ سعید سے مِل کر اُردو زبان کے کلاسیکی ادب کی تشریح کا لائق صد رشک و تحسین سلسلہ شروع کیا۔

۷۔ بھارت کی بڑی جامعات کے ایم۔اے، ایم۔فل اور پی ایچ۔ڈی کے نصاب میں پروفیسر محمد بیگ احساس کے افسانے، ناول اور مضامین شامل ہیں۔

۸۔ سعودی عرب کی ادبی تنظیم نے پروفیسر محمد بیگ احساس کے اعزاز میں ایک تقریب کا انعقاد کیا اور ڈیجیٹل سوونیئر کا اجرا کیا۔

۹۔ جن ممتاز ادبی مجلات، اخبارات اور جرائد نے پروفیسر محمد بیگ احساس کی علمی و ادبی خدمات کو خراج تحسین پیش کرنے کے لیے خصوصی اپنی اشاعتوں کا اہتمام کیا اُن

میں سب رس، حیدر آباد ۲۰۰۲ء، ماہ نامہ استعارہ دہلی ۲۰۰۳ء اور ماہ نامہ چہار سُو، راول پنڈی جون ۲۰۱۸ء شامل ہیں۔

۱۰۔ پروفیسر ڈاکٹر محمد بیگ احساسحیدر آباد سے شائع ہونے والے رجحان ساز ادبی مجلہ "سب رس" کے مدیر تھے۔

پروفیسر ڈاکٹر محمد بیگ احساس کے افسانوں کا مطالعہ کرنے سے قاری اس نتیجے پر پہنچتا ہے کہ معاشرتی زندگی پر بے حسی کا عفریت منڈلا رہا ہے۔ مفاد پرست، کینہ پرور اور افترا پسندوں کے مکر کی چالوں کے باعث معاشرتی زندگی سے سکون عنقا ہو چکا ہے۔ قدرتِ کاملہ نے پروفیسر ڈاکٹر محمد بیگ احساس کو اس پیدائشی اور جبلی صلاحیت سے متمتع کیا تھا کہ وہ اپنے اشہبِ قلم کی جولانیاں دکھاتے وقت منفرد نوعیت کی جمالیاتی و اخلاقی جہات پر توجہ مرکوز رکھتے جو جامد و ساکت پتھروں اور سنگلاخ چٹانوں سے بھی اپنی تاثیر کالوہا منوا لیتی تھیں۔سمے کے سم کا ثمر یہ ہے کہ اس بلا کا سکوت چھایا ہے کہ کوئی ٹس سے مس نہیں ہوتا۔زاغ و زغن اور بوم و شپر اور کرگسوں نے پورے ماحول کو سُونا کر دیا ہے ۔افسانوی مجموعہ " دخمہ " میں سکندر آباد میں واقع قدیم پارسی شہر خموشاں کے گرد و نواح میں مقیم لوگوں کی زندگی کی عکاسی کی گئی ہے۔ قلعۂ خاموشی کے اسیروں اور معاشرتی زندگی میں اقدار کی شکست و ریخت کے ذمہ دار اپنے تئیں عوج بن عنق سمجھنے والے مسخروں کو شہر خموشاں کے قدیم مینارِ سکوت کے بارے میں متنبہ کیا گیا ہے۔ حیدر آباد کی زندگی کے داستان گو کی حیثیت سے پروفیسر ڈاکٹر محمد بیگ احساس نے سدا اِس جانب متوجہ کیا کہ پس نو آبادیاتی دور میں معاشرتی زندگی میں بڑھتی ہوئی خود غرضی اور افراتفری کے باعث زندگی کی اقدار عالیہ اور درخشاں روایات پر اب جان کنی کا عالم ہے ۔اُن بونوں نے جن کی فضول اور بے مقصد خرافات سے لوگ عاجز آ گئے تھے اب وہی

باون گزے بن بیٹھے ہیں اور اپنی لاف زنی سے سادہ لوح لوگوں پر عرصۂ حیات تنگ کر رکھا ہے۔ اب تو یہ حال ہے کہ بڑے بڑے فن کار بھی پریشاں حال اور خوار و زبوں پھرتے ہیں مگر کوئی اُن کا پُرسانِ حال نہیں۔ شہر سنگ دِل کے ظالم و سفاک مکینوں نے ہاتھوں پر دستانے چڑھا رکھے ہیں۔ دِل کے مقتل میں بے بس و لاچار مظلوم انسانوں کی حسرتوں کا خون ہو جاتا ہے مگر قاتل کا کہیں سراغ نہیں ملتا۔ اس طرح خونِ خاک نشیناں رِزقِ خاک ہو جاتا ہے اور چھپ کر وار کرنے والے یہ سمجھ کر کہ حساب پاک ہو اچکے سے نیا جال لے کر شکار گاہ میں پہنچ جاتے ہیں۔ اپنے افسانوں میں پروفیسر محمد بیگ احساس روزمرہ زندگی کے معمولات اور عام نوعیت کے واقعات کو اس فنی مہارت سے زیبِ قرطاس کرتے کہ قاری اش اش کر اُٹھتا۔

اکثر کہا جاتا ہے کہ قحط الرجال کے موجودہ زمانے میں اکثر تخلیق کار انا کے حصار سے باہر نہیں نکلتے۔ اس کا نتیجہ یہ نکلتا ہے کہ وہ خود ستائی کے اسیر ہو جاتے ہیں۔ کسی بھی تخلیق کار کے اسلوب کا جائزہ لیتے وقت قاری وقت کے متعدد نمونوں سے آشنا ہوتا ہے ۔لوگ جب ایک چہرے پر کئی چہرے سجا لیتے ہیں تو یہ طرفہ تماشا دیکھنے والا ششدر رہ جاتا ہے۔ گزشتہ چار عشروں پر محیط پروفیسر ڈاکٹر محمد بیگ احساس کا افسانوی اسلوب زندگی کے ایسے تجربات، مشاہدات، واقعات اور حالات کا حقیقت پسندانہ تجزیہ ہے جو سرابوں کے عذابوں سے ناخوش و بیزا قاری کو حوصلے اور اُمید کا پیغام دیتا ہے۔ بیزار کن ماحول سے پس پائی اور حوصلے اور امید کا دامن تھام کر بہتر مستقبل کی جانب پیش قدمی کو وہ آئینِ جواں مرداں قررار دیتے ہیں۔ سفاک ظلمتوں کے مسموم ماحول سے بچ کر روشنی کے مانند سفر میں رہنا انھیں مرغوب ہے۔ جبر کے ماحول میں جب مظلوم انسان سانس گِن گِن کر زندگی کے دِن پُورے کرنے پر مجبور ہے پروفیسر ڈاکٹر محمد بیگ احساس

نے حوصلے اور اُمید کی مشعل تھام کر آگے بڑھنے پر اصرار کیا ہے۔ دریا کو سدا اپنی موج کی طغیانیوں سے غرض ہوتی ہے کسی کی ناؤ منجدھار میں پھنس کر ہچکولے کھانے لگتی ہے تو اِس کے باوجود دریا کی تلاطم خیز موجیں اس سے بے تعلق رہتی ہیں۔ شعور اور شعوری وقت کا تعلق موجوں کی اسی روانی سے ہے اور شورِ دریا انفرادی اور اجتماعی شعور کی پیہم روانی سے عبارت ہے۔ پس نو آبادیاتی دور میں بھارت میں مقیم مسلمانوں کی زندگی اور اُن کو درپیش مسائل کا احوال پروفیسر ڈاکٹر محمد بیگ احساس کے افسانوں کا اہم موضوع ہے ۔پروفیسر مغنی تبسم نے جب مابعد جدیدیت کے زیرِ اثر کئی مضامین لکھے۔ پروفیسر ڈاکٹر محمد بیگ احساس کے اسلوب کا بہ نظر غائر جائزہ لینے سے یہ حقیقت روزِ روشن کی طرح واضح ہو جاتی ہے کہ انھوں نے جدیدیت کی تحریک کے ردِ عمل میں کہانی پر زور دیا۔ افسانو ی ادب کی تخلیق میں انھوں نے علامات، استعارات اور تجرید کے بجائے تکنیک کے تنوع پر انحصار کیا اور اِسی کو زادِ راہ بنایا۔ جہاں تک افسانوی اسلوب اور فکشن کے فن کا تعلق ہے پروفیسر ڈاکٹر محمد بیگ احساس کے افسانے فن کی نزاکت اور نفاست کے ارفع معیار پر پورا اُترتے ہیں۔ اُن کے افسانوں میں المیہ کا سحر قاری کو اپنی گرفت میں لے لیتا ہے اور مطالعہ کے دوران میں کئی مقامات پر قارئین کی آنکھیں بھیگ بھیگ جاتی ہیں۔ تخلیق فن کے لیے اپنے طے شدہ کڑے تنقیدی معیار کو پیش نظر رکھتے ہوئے انھوں نے جو بھی افسانے لکھے ان میں تنقیدی بصیرت اور اسلوبیاتی قرینے کا جادو سر چڑھ کر بولتا ہے۔ اُن کا شمار ایسے افسانہ نگاروں میں ہوتا ہے جو اپنے اسلوب کے عصا سے آستین کے سانپوں کا سر کچل کر آگے بڑھنے کا حوصلہ رکھتے ہیں۔

میں نے پروفیسر ڈاکٹر محمد بیگ احساس کی سرپرستی میں پیش کیا جانے والے ادبی پروگرام " بازگشت آن لائن " کی کئی اقساط دیکھی ہیں۔ اس پروگرام کا لنک مجھے شعر و

سخن ویب سائٹ کے مہتمم محترم سردار علی نے کینیڈا سے ای۔ میل کے ذریعے ارسال کیا تھا۔ جو ماہرینِ لسانیات ان کے ساتھ مصروف عمل رہے اُن میں ڈاکٹر گل رعنا، ڈاکٹر فیروز عالم اور ڈاکٹر حمیرہ سعید کے نام قابل ذکر ہیں۔ یہ سب پروفیسر ڈاکٹر محمد بیگ احساس کے فیضانِ نظر کا اعجاز تھا کہ یہ ماہرین لسانیات جب بولتے تو ان کے منھ سے پھول جھڑتے اور جس موضوع پر بھی اظہارِ خیال کرتے اس سے متعلق تمام امور کا تفصیل سے تجزیہ کرتے تھے۔ دنیا کے مختلف ممالک میں مقیم ذوق سلیم سے متمتع اُردو داں خواتین و حضرات کی بڑی تعداد بازگشت آن لائن کے پروگراموں میں شرکت کرتی تھی۔ ماہرین لسانیات ناظرین کے سوالات کے جوابات دیتے اور فکر و خیال کے نئے دریچے وا ہوتے چلے جاتے تھے۔ اردو زبان کے کلاسیکی ادب بالخصوص دکنی ادبیات پر "بازگشت آن لائن " کے زیر اہتمام جو پروگرام پیش کیے گئے وہ ان ماہرینِ لسانیات کی ایسی فقید المثال کامرانی کی داستان ہے جس میں کوئی ان کا شریک و سہیم نہیں۔ ملا وجہی کی تصنیف "سب رس" سے اقتباس کی قرأت کرتے وقت پروفیسر ڈاکٹر گل رعنا نے ایسا سماں باندھا کہ ناظرین نے چشم تصور سے ملا وجہی کے عہد کے حالات اور اس دور کے باشندوں کے تکلم کے سلسلوں کا سب احوال جان لیا۔ اس کے بعد جب پروفیسر ڈاکٹر محمد بیگ احساس نے اپنا صدارتی خطبہ دیا تو رفتہ رفتہ تمام گرہیں کھلتی چلی گئیں۔ جھنگ میں مقیم ممتاز ماہرین لسانیات پروفیسر حاجی محمد ریاض، پروفیسر احمد بخش ناصر، پروفیسر حاجی احمد طاہر ملک ، پروفیسر شیخ ظہیر الدین اور پروفیسر فیض محمد خان نے تمام ادبی نشستوں میں شرکت کی اور ان نابغۂ روز گار ہستیوں کے خیالات سے مستفید ہوئے۔ پروفیسر حاجی احمد طاہر ملک کا گاؤں خوشاب کے شہر ہڈالی کے نزدیک واقع ہے۔ اسی گاؤں میں مشہور ادیب خشونت سنگھ (۱۹۱۵ء۔ ۲۰۱۴ء) نے جنم لیا۔ ان پروگراموں کے بارے میں پروفیسر حاجی احمد

طاہر ملک نے کہا:

"الفاظ کو فرغلوں میں لپیٹ کر پیش کرنا پروفیسر ڈاکٹر محمد بیگ احساس کا شیوہ نہیں ۔وہ کفایت شعاری سے الفاظ کو استعمال کرتے ہیں اور تھوڑے سے الفاظ استعمال کر کے بہت زیادہ مطالب و مفاہیم کی ادائیگی ممکن ہے۔"

کوثر پروین نے پروگرام "بازگشت آن لائن" کے شرکا اور اِس کے منتظمین کے اسلوب کے متعلق اپنی رائے دیتے ہوئے کہا:

"میں نے دکنی زبان کا یہ لب و لہجہ اس سے پہلے کبھی نہیں سنا۔رنگ، خوشبو، حُسن و خوبی کے یہ سبھی استعارے پروفیسر ڈاکٹر گل رعنا اور ڈاکٹر حمیرہ سعید کے دم سے ہیں جنھوں نے پروفیسر ڈاکٹر محمد بیگ احساس کی رہنمائی میں قطرے میں دجلہ اور جزو میں کُل دکھا کر دکنی زبان و ادب پر اپنی خلاقانہ دسترس ثابت کر دی ہے۔"

ادب میں توارد اور سرقہ پر وہ بہت محتاط رائے دیتے تھے ۔ اپنی عظیم الشان ادبی زندگی میں انھوں نے قلم فروش اجلاف و ارذال اور چربہ ساز، سارق اور کفن دُزد سفہا کے خلاف قلم بہ کف مجاہد کا کردار ادا کیا۔ قرۃ العین حیدر (۱۹۲۷۔۲۰۰۷) کی ۱۹۵۹ء کی تصنیف "آگ کا دریا" اور ورجینا وولف (۱۸۸۲۔۱۹۴۱) کی سال ۱۹۲۸ء میں شائع ہونے والی کتاب "Orlando: A Biography" کے بارے میں انھوں نے اس امر کی صراحت کر دی ہے کہ برگساں کے افکار سے متاثر ہو کر شعور کی رو کو متعدد تخلیق کاروں نے اپنے فکر و فن کی اساس بنایا ہے ۔جہاں تک قرۃ العین حیدر کا تعلق ہے اس کا ناول آگ کا دریا سیلِ زماں کے تھپیڑوں کے بارے میں منفرد انداز سامنے لاتا ہے۔اُردو ادب میں پرِ زمانہ کے پروازِ نُور سے کہیں بڑھ کر برق رفتار ہونے اور زمانے کی رفتار کے ساتھ ساتھ تخلیق کے معیار اور ساخت کی

تبدیلی کا یہ انداز اپنی مثال آپ ہے۔ قرۃ العین حیدر اور ورجینا وولف کے اسلوب کے متعلق پروفیسر ڈاکٹر محمد بیگ احساس نے اپنے ذاتی تجربے کی بنا پر لکھا ہے:

"میں نے اپنی ایک سکالر (جو انگریزی کی بھی ایم۔اے تھی) سے قرۃ العین حیدر اور ورجینا وولف کے تقابلی مطالعے پر کام کروایا۔ دونوں میں بے پناہ مماثلت ہے۔ حتیٰ کہ بعض اقتباسات تک حیرت انگیز طور پر ملتے ہیں۔" مجلہ چہار سُو راول پنڈی، جلد ۲۷، شمارہ مئی، جون ۲۰۱۸ء، ص۔۱۸)

پروفیسر ڈاکٹر محمد بیگ احساس کے اسلوب کے بارے میں یہی کہا جا سکتا ہے۔ جس طرح گلزارِ ہستی میں پیہم عنبر فشانی میں مصروف گلِ تر اپنی عطر بیزی کے منابع سے، ثمرِ نورس اپنی حلاوت کے ذخیرے سے، بُور لدے چھتنار اپنی گھنی چھاؤں کی اداؤں سے، دریا اپنی طغیانی سے، حسنِ بے پروا اپنی حشر سامانی سے، اُٹھتی جوانی اپنی طبع کی جولانی سے، سمندر اپنی گہرائی سے، کلامِ نرم و نازک اپنی ہمہ گیر گرفت و گیرائی سے، شعلہ اپنی تمازت سے، گفتار اور رفتار اپنے معیار اور نزاکت سے، کردار اپنے وقار سے، جذبات و احساسات مستقبل کے خدشات اور اپنی بے کراں قوت و ہیبت سے، نو خیز کونپلیں اپنی روئیدگی سے، سمے کا

سم کے اپنے ثمر سے، قوتِ عشق اپنی نمو سے، سادگی اپنے درپئے پندار حیلہ جُو سے، گنبد نیلو فری کے نیچے طیور کی اُڑان گھات میں بیٹھے صیاد کی مچان سے، خلوص و درد مندی اپنی خُو سے، حریتِ ضمیر اپنے خمیر سے، موثر تدبیر سوچنے والے نوشتۂ تقدیر سے، ایثار و عجز و انکسار کی راہ اپنانے والے جذبۂ بے اختیار کی پیکار سے، حسن و رومان کی داستان جی کے زیاں سے، جبر کی ہیبت صبر کی قوت سے، ظالم کی واہ مظلوم کی آہ سے، چام کے دام چلانے والے مظلوموں کے ضمیر کی للکار سے اور تاریخ سے سبق نہ سیکھنے والے

فراعنہ جاہ و حشمت کے طومار سے وابستہ حقائق کے بارے میں کچھ نہیں جانتے اسی طرح ایک تخلیق کار کے قلزمِ خیال کا پانی اس قدر گہرا ہوتا ہے کہ وہ زندگی بھر اس کی غواصی کرنے کے باوجود تخلیقی عمل کے پس پردہ کارفرما محرکات کے تاب دار موتی بر آمد کرنے سے قاصر ہے۔

پروفیسر ڈاکٹر محمد بیگ احساس کی وفات سے اردو زبان وادب کو ناقابل تلافی نقصان پہنچا ہے۔ ایک فطین دانش ور، ماہر علم بشریات، مفکر اور فلسفی کی حیثیت سے انھوں نے زبان کے تہذیبی و ثقافتی پہلوؤں کو ہمیشہ پیشِ نظر رکھا۔ انھوں نے ابلاغیات اور اردو ادبیات کو اس طرح مربوط کر دیا کہ نئے لسانی تجربات کی راہ ہموار ہو گئی۔ اُن کی وفات سے جو خلا پیدا ہوا ہے صدیوں تک اُس کے اثرات محسوس کیے جاتے رہیں گے۔ اس نابغۂ روزگار دانش ور نے اپنی تخلیقی فعالیت سے اردو زبان و ادب کو عالمی ادبیات میں معزز و مفتخر کر دیا۔ تنقید، تحقیق، ادبی صحافت اور افسانوی ادب کی تخلیق کے حوالے سے پروفیسر ڈاکٹر محمد بیگ احساس کا نام افق علم وادب پر تاابد ضوفشاں رہے گا۔

ہمارے بعد اب محفل میں افسانے بیاں ہوں گے
بہاریں ہم کو ڈھونڈیں گی نہ جانے ہم کہاں ہوں گے

***

سچ اور جھوٹ کا اعمال نامہ : دَخمہ

ڈاکٹر ابراہیم افسر

مجھے کبھی پرفیسر بیگ احساس سے بالمشافہ ملاقات کا موقع میسر نہیں ہوا اور نہ ہی کبھی موبائل پر گفتگو کرنے کا شرف حاصل ہوا۔ البتہ ان کے نام اور کام کی وجہ سے انھیں پڑھنے کا اشتیاق پیدا ہوا۔ دورانِ مطالعہ مجھے معلوم ہوا کہ انھوں نے کبھی کسی ادبی تحریک سے وابستہ ہو کر ادب تخلیق نہیں کیا بلکہ ان کی ذات وصفات خود ایک تحریک کا درجہ رکھتی ہے۔ ان تمام باتوں کے باوصف میرے دل میں ان کی قدر و قیمت اور بڑھ گئی۔ میں نے گِدھوں کے حوالے سے لکھے گئے افسانوں کا مطالعہ کیا تو ان میں پروفیسر بیگ احساس کے افسانے "دخمہ "نے مجھے بہت متاثر کیا۔ اس افسانے میں وہ باتیں نظر آئیں جن کی وجہ سے خاکسار قلم اٹھانے پر مجبور ہوا۔ سب سے پہلے یہ واضح کرنا ضروری ہے کہ GLOBLIZATION نے نہ صرف انسانی فطرت، چال ڈھال اور رہن سہن کو متاثر کیا بلکہ چرندوں اور پرندوں پر بھی اس کے اثرات نمودار ہوئے۔ یہاں یہ بات ملحوظ رہے کہ دنیا اب ایک گاؤں بن گئی ہے اوراب ہمارے مسائل ذاتی نہ ہو کر عالمی ہو گئے ہیں۔ ماحولیاتی تبدیلی نے دنیا کو یہ باور کرانے کی کوشش کی ہے کہ قدرت کے ذخائر سے انسانی چھیڑ چھاڑ نقصان دہ ہے۔ ان کے اثرات ایک خطّے کو ہی متاثر نہیں کرتے بلکہ پوری دنیا اس سے متاثر ہوتی ہے۔ ماحولیاتی تبدیلیوں کی وجہ سے فضا گِدھوں کے لیے

معقول نہیں رہی ساتھ ہی GLOBAL WARMING اور FERTILIZATION کا سب سے زیادہ اثر گِدھوں نے قبول کیا۔ مردار (خواہ وہ انسان ہو یا چرند پرند) کا گوشت گِدھوں کی محبوب ترین خوراک ہے۔ اپنی غذا کے حاصل کرنے کے لیے یہ میلوں کا سفر طے کرتے ہیں۔ لیکن ۲۰۰۰ کے بعد غلّے کی پیداوار اور دیگر اجناس کی تعداد میں اضافے کے علاوہ زمین کو زرخیز بنانے کے لیے کھیتوں میں استعمال ہونے والے FERTILIZERS نے ہماری صحت کے ساتھ ساتھ گِدھوں کو بہت نقصان پہنچایا ہے۔ ماضی بعید میں درختوں کی اونچی شاخوں پر گِدھ بیٹھ کر اپنے شکار کی تلاش میں ہمہ تن گوش رہتے تھے۔ اسی وجہ سے گِدھوں کو ECO FRINDLY تصور کیا جاتا تھا۔ یہ وبائی امراض کو روکنے میں انسانوں کا مددگار ہے۔ ۱۹۸۰ کی دہائی میں ہندوستان میں سفید پونچھ والے گِدھوں کی تعداد ۸۰ میلین سے زیادہ تھی لیکن سال ۲۰۱۶ تک ان کی تعداد صرف ۴۰۰۰۰ رہ گئی ہے۔ گلوبل وارمنگ کے سبب ان کی تعداد میں روز بروز کمی ہوتی جارہی ہے۔ (یہ بھی پڑھیں بیگ احساس کا افسانہ کھائی۔نثار انجم)

پروفیسر بیگ احساس کو ۲۰۱۷ میں ان کے افسانوی مجموعے 'دخمہ' پر ساہتیہ اکادمی انعام دیا گیا۔ یہ مجموعہ پہلی بار ۲۰۱۵ میں منظرِ عام پر آیا اور دوسری بار ۲۰۲۰ میں۔ لیکن اس مجموعے کے زیادہ تر افسانے ۲۰۱۵ سے قبل ہی رسائل وجرائد میں شائع ہو کر قارئین اور ناقدین سے دادِ تحسین حاصل کر چکے تھے۔ بالخصوص افسانہ دخمہ اپنے بیانیہ، اسلوب، اقلیتی مسائل (مسلم اور پارسی)، ختم ہوتی ہوئی رواداری، ٹوٹتی ہوئی قدریں تقسیم ہند کے بعد حیدرآباد کی شناخت اور تشخص کو قائم رکھنے کی کسک، مذہبی کٹرپن کی مخالفت اور گِدھوں کی کم ہوتی تعداد کی وجہ سے موضوعِ بحث بنا۔ پرفیسر گوپی چند نارنگ

نے ۲۰۱۳ میں نیشنل بک ٹرسٹ، نئی دہلی سے شائع کتاب "آج کی کہانیاں" میں " دخمہ "کو بیگ احساس کا نمایندہ افسانہ تسلیم کیا ہے۔" دخمہ " میں کُل ۱۱ افسانے شامل جن کا تجزیہ "ابتدائیہ " کی شکل میں پاکستان کے مشہور ادیب وناقد مرزا حامد بیگ نے کیا ہے۔

" دخمہ " کہانی میں پروفیسر بیگ احساس نے پارسیوں اور مسلمانوں کے درمیان باہمی رشتوں کے علاوہ گِدھوں کا پارسی قبرستان کی جانب رُخ نہ کرنے کا المیہ، حیدرآباد شہر کی مٹتی ہوئی تہذیب، رواداری اور آبادی کے تناسب میں بے تحاشہ اضافے کو پیش کیا ہے۔بیگ احساس نے آزادی سے قبل آصف جاہی حکومت میں پارسیوں کے مقام و مرتبے پر بھی تنقیدی و تحقیقی نگاہ ڈالی ہے۔ پارسی گٹہ اور دخمہ کا احوال پر سوز انداز میں بیان کیا گیا ہے۔راوی نے بچپن میں اپنی بھانجی کے ساتھ پارسی گٹہ کی جانب جاتا ہے تو دیکھتا ہے کہ گِدھوں کے جھنڈ کے جھنڈ 'دخمہ " پر آکر بیٹھ جاتے ہیں اور چند منٹوں میں وہ نعش کا وجود صفحہ ہستی سے مٹا دیتے ہیں۔راوی پارسی گٹہ کے چوکی دار سے معلوم کرتا ہے کہ یہ گِدھ کہاں سے آتے ہیں۔اس وقت چوکی دار راوی کے کان میں پھسپھساتا ہے کہ جب زمین پر چینی گر جاتی ہے تو چینٹی کہاں سے آتی ہیں؟ٹھیک اسی طرح گِدھ بھی اپنی خوراک کو دیکھ کر دور سے کھنچے چلے جاتے ہیں۔یہ باتیں آزادی سے قبل کی تھیں۔لیکن تقسیمِ ہند کے بعد حیدرآباد شہر کی شکل و صورت ،تہذیب ،نشست و برخاست اور آداب و احترام میں تبدیلیاں نمودار ہوئیں۔پرانے شہر سے لوگ نکل کر اس کے اطراف میں بسنے لگے۔نیا شہر بے ترتیب طریقے سے آباد ہوا۔یہاں بھانت بھانت کے لوگ جمع ہوگئے۔کسی کو کسی کی تہذیب، قدروں اور اخلاقیات کا ذرا بھی خیال نہ تھا۔ہر انسان کے اندر اپنی دنیا آباد تھی۔شہر کے بہت سے لوگ مغربی ممالک میں روزی روٹی کی تلاش میں چلے گئے۔عمر کے آخری پڑاؤ پر وہ بھی حیدرآباد واپس آگئے

۔راوی کا دوست جو امریکہ چلا گیا تھا وہ بھی لوٹ کر حیدر آباد آیا اور راوی سے درخواست کی کہ اسے حیدر آباد شہر کی ہر اُس جگہ تک لے جائے جو انھوں نے ایک ساتھ اپنا وقت گزارا تھا۔یادِ ماضی کے سنہرے اوراق کو پلٹتے ہوئے اور حیدر آباد شہر کی سیر کرنے پر معلوم ہوا کہ اب شہر کا نقشہ ہی بدل گیا ہے۔آخر کار راوی اپنے دوست کو حیدر آباد شہر کے مشہور مے کدہ MAI KADA EST:۱۹۰۴ لے جاتا ہے۔اس مے کدے کا مالک سہراب نامی پارسی تھا۔اتفاق سے وہ مے کدہ بند تھا۔معلوم ہوا کہ اب یہ مکمل طور سے بند ہو گیا ہے۔دونوں سہراب کے گھر کا پتا معلوم کرنے کے بعد اس سے ملتے ہیں۔تینوں کے مابین باتوں کا لا متناہی سلسلہ شروع ہو جاتا ہے۔بات ذاتی کٹّر پن سے شروع ہو کر مذہبی کٹّر پن تک پہنچ جاتی ہے۔سہراب کا مے کدہ مسلمانوں کی اس شکایت کے بعد بند کیا گیا کہ یہاں سے مسجد صرف سو قدم کے فاصلے پر ہے۔سہراب راوی اور اس کے دوست کو بتاتا ہے کہ پارسیوں نے آصف جاہی حکومت میں وہ دور بھی دیکھا تھا جب لوگ فلم کے انٹرویل کے دوران نماز ادا کر کے واپس اپنی سیٹ پر آتے تھے۔نظام شاہی حکومت میں پارسیوں کو اعلا عہدوں کے ساتھ اعزازات سے نوازا گیا تھا۔

سہراب اس بات پر بھی افسردہ ہے کہ اب پارسی لوگوں کی تعداد میں روز بروز کمی ہوتی جا رہی ہے کیوں کہ وہ اپنی برادری کے علاوہ کسی دوسری برادری میں شادی نہیں کرتے۔سہراب راوی کو یہ بھی بتاتا ہے کہ بہت سے پارسی نعش کو دخمہ کی چھت پر برہنہ رکھنے کے بعد گِدھوں کے انتظار کے خلاف ہیں۔ایک طبقہ ایسا ہے جو نعش کو الیکٹرانک طریقے سے جلا دینا چاہتا ہے اور ایک طبقہ قدیم طریقہ کار کا حمائتی ہے۔لیکن جب راوی اس سے معلوم کرتا ہے کہ وہ مرنے کے بعد کس طرح کی رسومات کو پسند کرے گا؟اس کے جواب میں سہراب قدیم طریقے کو پسند کرتا ہے۔لیکن جب راوی یہ معلوم کرتا ہے

کہ اب گِدھ پارسی گٹہ کے دخمہ پر نعش کو اپنا نوالہ بنانے نہیں آتے تو اس پر سہراب کہتا ہے کہ کوئی جب کوئی نیک پارسی مرے گا تو گِدھ خود بہ خود چلے آئیں گے۔

آخر وہ دن بھی آیا جب راوی کے سامنے سہراب کی نعش تھی اور بہت سے پارسی لوگ سہراب کے برہنہ جسم کو دخمہ کی چھت پر چھوڑ کر اس انتظار میں کھڑے ہو گئے کہ دیکھتے ہیں گِدھ آتے ہیں یا نہیں۔ اچانک راوی دیکھتا ہے کہ گِدھوں کا ایک جھنڈ تیزی کے ساتھ دخمہ پر رکھی سہراب کی نعش کے ارد گرد منڈراتا ہوا اس کو اپنا نوالہ بنا رہا ہے۔ تقریباً بیس سال بعد اس منظر کو دیکھ کر راوی اور پارسی لوگوں کے چہرے کھل اُٹھے

۔

پروفیسر بیگ احساس نے افسانہ دخمہ میں اقلیتی ذہنی کشمکش کو نفسیاتی طور پر پیش کیا ہے۔ در اصل اس افسانے میں موصوف نے قاری کی توجہ اُن امور کی جانب مبذول کرانے کی کوشش کی جن کا تعلق ہماری مشترکہ تہذیب سے ہے۔ افسانے میں کئی جگہ اس بات کی جانب اشارہ کیا گیا کہ نظام شاہی دور کے مقابل آزادی کے بعد سیاست نے اپنا رنگ اور چولا بدلا اور اقلیتوں کے مسائل کو حکومت نے اپنے ترجیحی ایجنڈے میں رکھا۔ خود سہراب نے یہ محسوس کیا اور دورانِ گفتگو راوی سے اس کا برملا اظہار بھی کیا کہ مسلمان اس ملک کی سب سے بڑی اقلیت ہیں۔ اگر حکومت ان کی آواز کو نہیں سنے گی تو اس پر جانب داری کا الزام عائد ہو جائے گا۔ سہراب کامے کدہ اقلیتی سیاست کا نشانہ بنا۔ موصوف نے دخمہ میں پارسی لوگوں کی تعداد میں روز بروز ہونے والی کمی کو قارئین کے سامنے پیش کیا۔ ہندوستان میں آج پارسی لوگوں کی تعداد انگلیوں پر گننے لائق رہ گئی ہے۔ پروفیسر بیگ احساس نے گِدھوں کی گھٹتی ہوئی تعداد کو پارسی لوگوں کی تعداد سے مشابہ قرار دیا ہے۔ افسانے کی خوش آیند بات یہ ہے کہ موصوف نے سچ اور جھوٹ، نیکی

اور بدی کو گِدھوں کے جھنڈ کو نعش کے قریب چکر لگانے سے جس انداز میں بیان کیا ہے وہ قابلِ تعریف ہے۔ یہاں تک کہ پارسی گٹہ کا کتا سگ دید کی ہیجانی کیفیت بھی سچ اور جھوٹ کے رزمیے سے منسوب کی گئی ہے۔ جزئیات نگاری، منفرد اسلوب اور بیانیہ افسانے کا خاص وصف ہے۔ اس کی بنیاد پر دخمہ کا خمیر اٹھایا گیا ہے۔ دورِ حاضر کے تناظر میں اگر اس افسانے کے ڈسکورس پر بات کی جائے تو اسے اقلیتوں (چرندوں، پرندوں اور انسانوں) کے سچ اور جھوٹ کے اعمال نامے کی تثلیث کہنا زیادہ مناسب ہو گا۔

* * *

بیگ احساس کے منتخب یادگار افسانے

بیگ احساس کے ۵ یادگار افسانے

مرتبہ : سید حیدرآبادی

بین الاقوامی ایڈیشن جلد منظر عام پر آ رہا ہے